PARTHIOT

UNE

FAMILLE ROTURIÈRE

D'ORIGINE NIVERNAISE

A TRAVERS LES

XVIe, XVIIe, XVIIIe & XIXe SIÈCLES

« Chaque famille est une histoire et même un poème pour qui sait la feuilleter. »

LAMARTINE.

DIJON
IMPRIMERIE DARANTIERE
65, RUE CHABOT-CHARNY, 65

1898

ESSAI HISTORIQUE ET GÉNÉALOGIQUE

SUR LA

FAMILLE PARTHIOT

Tiré à 200 exemplaires numérotés

N° 43

PARTHIOT

UNE

FAMILLE ROTURIÈRE

D'ORIGINE NIVERNAISE

A TRAVERS LES

XVIe, XVIIe, XVIIIe & XIXe SIÈCLES

« Chaque famille est une histoire et même un poème pour qui sait la feuilleter. »

LAMARTINE.

DIJON

IMPRIMERIE DARANTIERE

65, RUE CHABOT-CHARNY, 65

1898

AUX PARTHIOT

Montaigne raconte que son père faisait tenir par « celuy de ses gents qui lui servoit à escrire, un papier journal à inserer toutes les survenances de quelque remarque, et, jour par jour, les memoires de l'histoire de sa maison, très plaisantes à veoir quand le temps commence à en effacer la souvenance, et très à propos pour nous oster souvent de peine : ..... nos voyages, nos absences, mariages, mort, la reception des heureuses et malencontreuses nouvelles. Usage ancien, ajoute Montaigne, que je treuve bon à refreschir chacun en sa chacusnière et me treuve un sot d'y avoir failly ». (*Essais*, I, chap. XXXIV.)

Quel est celui d'entre nous qui ne se féliciterait d'avoir eu des devanciers aussi prévoyants que le père de Michel de Montaigne ?

Nous n'essaierons pas de décrire l'intérêt que nous offrirait la lecture de pareils mémoires et la connaissance des changements survenus dans l'existence de nos aïeux. Ce que ceux-ci n'ont voulu ou plutôt n'ont pu faire, il serait puéril de l'entreprendre à présent. Mais que penserions-nous d'un homme qui, sous prétexte que la vie n'est pas assez longue pour tout apprendre, resterait volontairement dans l'ignorance? Eh bien! ne serions-nous pas dans son cas si, pendant qu'il en est temps encore, nous ne faisions rien pour arriver à connaître quelques traits de la vie de nos ancêtres?

Aussi, écoutant plus notre volonté que nos moyens, avons-nous, aux précieux documents qui nous sont parvenus, et qui peuvent disparaître d'un jour à l'autre, puisé les éléments d'un opuscule destiné à être mis à la place des mémoires qui nous manquent.

Dans cet humble essai, qui sera, nous en sommes convaincus,

bien accueilli de tous les Parthiot, l'ascendance est remontée à la fin du xve siècle et la filiation de plusieurs branches régulièrement établie depuis Louis, qui vivait au xvie.

Tout d'abord, nous avions conçu le désir de pénétrer dans un passé plus reculé et d'allonger de quelques anneaux cette partie de chaîne si péniblement reconstituée ; néanmoins, nous nous consolerons de ce demi-échec en nous souvenant, avec Voltaire, qu'aucune famille sur la terre ne connaît son premier auteur.

La rareté des sources ne nous a pas permis d'agrémenter la sécheresse de l'état civil en retraçant la condition de tous les disparus, ni même de compléter les renseignements relatifs à un certain nombre de vivants. Mais, d'autre part, nous avons l'assurance que le concours des intéressés ne nous fera pas défaut et que chacun d'eux aura à cœur d'apporter, le cas échéant, une pierre à la modeste construction, dont nous donnons aujourd'hui la première ébauche (1).

---

(1) Les communications devront être adressées aux auteurs, les frères Parthiot, à Blangey, par Arnay-le-Duc.

INDEX BIBLIOGRAPHIQUE

MANUSCRITS

Registres de l'état civil de la ville d'Arnay-le-Duc et des communes de Montsauche, Moux, Alligny-en-Morvan, Chissey-en-Morvan, Cussy-en-Morvan, Anost, Igornay, Jouey, Allerey, Thury, Saint-Pierre-en-Vaux, Saisy, Marigny-sur-Yonne et Chitry-les-Mines (1).

Doubles de ceux de Cussy-en-Morvan, déposés au greffe du tribunal civil de la ville d'Autun, et de ceux de Cordesse. déposés aux archives municipales de la même ville.

Rôles des impositions de la ville d'Arnay-le-Duc et des paroisses de Moux, Alligny-en-Morvan, Chissey-en-Morvan, Cussy-en-Morvan, Anost, Igornay, Cordesse, Viévy (Arch. de la Côte-d'Or).

Terrier de la cure de Montsauche (Arch. de la Côte-d'Or).

Procès-verbaux de la vente des biens nationaux, provenant d'émigrés, sis sur les communes de Jouey et de Mimeure (Arch. de la Côte-d'Or).

Plusieurs pièces des archives privées de Parthiot-Cortot et d'Andoche Parthiot (arch. P.-C., arch. A. P.).

(1) Nous devons des remerciements à MM. les maires de toutes ces localités pour la facilité avec laquelle ils nous ont accordé l'accès de leurs archives municipales ; une mention spéciale à M. Pitois, maire de Moux, pour les renseignements qu'il nous a si obligeamment fournis, et un témoignage de gratitude à M. Grammont, maître de conférences à la Faculté des lettres de Montpellier, pour l'étymologie reproduite à la page 10. Enfin, aux amis (la liste en serait longue et ne manquerait pas de blesser la modestie de quelques-uns) qui ont bien voulu nous faire part de leurs remarques critiques, nous exprimons nos sentiments de reconnaissance.

IMPRIMÉS

La Grande Encyclopédie.
Le Musée des Archives départementales.
Babeau (Albert), *Le Village sous l'Ancien Régime.*
Baudiau (l'abbé J.-F.), *Le Morvand* (1) (2e édition).
Bonnemère (Eugène), *Histoire des Paysans.*
Bouhier, *Anciennes coutumes de Bourgogne.*
Chambure (E. de), *Glossaire du Morvan* (1).
Coquille (Guy), *Coutumes et Histoire du Nivernais.*
Courtépée (l'abbé), *Description générale et particulière du Duché de Bourgogne* (2e édition).
Esquiros (Alphonse), *Le Bonhomme Jadis.*
Garnier (Joseph), *Chartes de communes et d'affranchissements.*
— *La Recherche des feux en Bourgogne aux* XIVe *et* XVe *siècles.*
Giry (A.), *Manuel de diplomatique.*
Seignobos (Charles), *Le Régime féodal en Bourgogne.*

---

(1) La manière d'écrire ce mot a été jadis le sujet de nombreuses dissertations philologiques. Les deux auteurs n'étant pas d'accord, nous respecterons leur orthographe dans nos citations, mais lorsque nous emploierons ce terme pour notre propre compte, nous donnerons la préférence à la seconde forme comme étant la plus généralement adoptée.

PREMIÈRE PARTIE

I. — Origine.
II. — Formes du nom. Étymologie.
III. — État de la Famille au XVIe siècle.
IV. — L'État civil.
V. — L'Émigration à Moux, à Alligny et à Chissey.

I

Origine.

La famille Parthiot est originaire de Montsauche (Nièvre), du moins elle y était établie à une époque sans doute très reculée et qu'il serait facile, l'imagination aidant, de faire remonter aux commencements du village (1). Mais, ne voulant rien avancer sans preuves, nous nous bornerons à dire que sa présence y est officiellement constatée depuis 1543, date de la rénovation d'un terrier de la cure.

Bien que cette pièce, la plus ancienne que nous ayons pu nous procurer, et dont nous parlerons tout à l'heure, ne contienne pas les noms de tous les habitants, on y relève ceux de six membres de la famille Parthiot : Guillaume, Philibert, Pierre, Léonard, Martin et Jean.

---

(1) Le petit bourg de Montsauche, qui, lors des nouvelles divisions géographiques, a dû à sa position centrale plus qu'à son importance de devenir le chef-lieu de l'un des cinq cantons de l'arrondissement de Château-Chinon, avec son air propre et ses maisons bien bâties, ne rappelle en rien le modeste village de jadis, où l'étranger n'arrivait que très difficilement. Ses archives communales, quoique actuellement conservées avec le plus grand soin, dans un coquet hôtel où sont réunis les services de la justice de paix et de la mairie, sont néanmoins si pauvres en documents anciens qu'en dehors de l'état civil, qui remonte à 1605, elles ne renferment aucune autre pièce pouvant servir à l'histoire de la localité ou à celle des habitants.

Les deux premiers, âgés de 40 ans, et le troisième, âgé de 30, étaient entendus comme témoins : c'est à ce titre que nous devons de connaître leur âge.

Le terrier nous apprend encore que les deux derniers étaient frères de Philibert et que Léonard était frère de Guillaume.

Tous ces Parthiot, frères ou cousins, étaient nés à Montsauche. Ceci nous autorise bien à affirmer que seul le manque de documents nous empêche d'y retrouver nos aïeux à une date fort antérieure à 1543.

Aussi devons-nous plus que jamais regretter la perte de ces précieuses listes d'habitants des XIVe et XVe siècles, appelées cerches des feux. La Bourgogne, plus privilégiée que le Nivernais, possède encore quelques-uns des rôles de feux de cette époque, rôles qui ont inspiré à l'éminent archiviste de la Côte-d'Or un ouvrage dont nous extrayons ce qui suit :

« ..... Ces listes d'habitants, qu'il nous a été impossible de reproduire, présentent un certain intérêt philologique sous le rapport de la formation des noms propres. D'autre part, la persistance du même nom, dans une même région durant un long temps, permettrait à plus d'une famille roturière d'établir une filiation certainement plus ancienne que celles de beaucoup de familles nobles, et par contre plus d'une de celles-ci seraient bien étonnées si on leur montrait le chef du nom, comme l'on dit, figurant parmi les taillables à merci de la paroisse originelle (1). »

---

(1) *La Recherche des feux*, page 7.

II

Formes du nom. Etymologie.

§ 1° Formes. — Partiot, Partyot, Parthiot, Perthiot, Parthiost, Parthiaux, Pertiot, Barthiot, Bartiot, Berthiot, Bertiot, Berthieault, Berthuot : telles sont les principales formes que revêt ce nom patronymique dans les diverses pièces qu'il nous a été donné de consulter. La troisième est celle qui a prévalu à partir de la fin du XVIIIe siècle, dans les actes civils des communes citées à l'index bibliographique, et celle qu'ont adoptée la majeure partie des descendants des Partiot de 1543. Nous disons la majeure partie, car, comme on le verra à la page 70, une branche déjà éloignée du tronc emploie la quatrième variante, et nous ne pensons pas que l'exception soit unique.

Quant à la première forme, celle qu'a invariablement employée le tabellion rédacteur du terrier de 1543, elle est de nos jours à peu près complètement abandonnée. Cependant, quelques-uns de nos ascendants du XIXe siècle ne l'ont pas dédaignée et nous avons rencontré nombre de signatures authentiques, celle de notre arrière-grand-père en particulier, veuves de la lettre H ; mais l'absence de cette lettre doit plutôt être attribuée à une difficulté calligraphique qu'à une imitation servile du scribe de

1543, car les mains calleuses qui traçaient plus ou moins correctement ces signatures ne maniaient pas aussi facilement la plume que la charrue.

§ 2° Etymologie. — Les noms de famille ont des origines diverses. Les uns sont tirés des possessions, de la résidence, de l'état, de la profession, des qualités, des défauts ou des infirmités de l'individu. D'autres ne sont que des prénoms plus ou moins déguisés (1).

Celui qui nous occupe doit être classé parmi les derniers et c'est Pierre qui lui a donné naissance. Nous étions loin de nous douter de cette synonymie avant la démonstration du savant professeur nommé à l'index bibliographique, démonstration que voici textuellement :

« Partiot = Parretiot, comme Pernot = Perrenot ;

Parretiot est formé à côté de Parrotin, comme Moniot à côté de Monin = Simonin ;

Parrotin est dérivé de Parrot, comme Simonin de Simon ;

Parrot est une forme dialectale de Perrot = Petrittu* diminutif de Petru (Pierre). »

---

(1) Jusqu'au XIe siècle les personnes n'étaient désignées que par un seul nom donné à la naissance. A cette époque, on prit l'usage, en cas d'homonymie, d'ajouter un deuxième nom ou surnom au premier. A la fin du moyen âge, le surnom devint héréditaire et, un peu plus tard, le nom personnel, qui avait été jusque-là le principal, fut relégué au second rang.

« La transformation de l'ancien *nom* en *nom de baptême* ou *prénom* et du surnom (*cognomen*) en *nom de famille*, coïncide à peu près en France avec l'organisation de l'état civil » (*Manuel de diplomatique*, p. 370). — Pour l'organisation de l'état civil, voir notre chapitre IV.

III

État de la Famille au XVIe siècle.

La pénurie de documents nous empêche, quant à présent, de rechercher ce qu'était la famille antérieurement au XVIe siècle.

Moins pauvre que les précédents, le XVIe siècle nous a légué quelques manuscrits, notamment le terrier dont nous avons déjà parlé. Ce volumineux dénombrement, de 98 folios, dressé à la requête du curé Jacques Marchand, et qui porte le n° 1280 (1), bien qu'il n'omette aucun des privilèges de la cure, n'en est pas moins, on le comprend, très sobre de renseignements sur l'état des paroissiens. Martin et Jean n'y sont mentionnés que comme redevanciers. Quant à Guillaume, son rôle y est des plus importants :

« Guillaume Partiot, du village de Montsauche, tant pour luy que pour Léonard Partiot, son frère, pour lequel il a prins en main promettant luy faire rattiffier et avoir agréable le contenu en ces présentes, a congneu et confessé debvoir par chacun an perpétuellement au

(1) Arch. C.-d'Or, G. 2.

curé devant dit et à ses successeurs curé de lad. cure de Montsauche la somme de deux sols six deniers tournois, d'annuelle et perpetuelle redebvance, païable chacun an par luy et ses successeurs le landemain de la feste Saint-Marceau, en la maison presbiteral dud. lieu aud. curé vicaire ou commis, laquelle redebvance est assize et assignée, et telle l'a recongneu et confessé led. Partiot, sur une pièce de prey assize au finage de Montsauche appelé le prey du Cloizeau, contenant l'œuvre de deux soixtures de prey, tenant d'une part au prey au Saint, appartenant à lad. église, d'autre au chemin allant de Saint-Léonard à Saulieu, d'autre au champ de Philibert Partiot et à la meloize Flamant, que les Guillemettes tiennent.

« Laquelle redebvance iceluy congnoissant a promis païer chacun an aud. curé ses successeurs curés de lad. cure de Montsauche, moyennant que iceluy curé, ses successeurs, seront tenus pour le Salut et remède de l'âme dud. congnoissant et ses successeurs, dire une messe de requiem led. jour de landemain Saint-Marceau.

« Car ainsy, etc., promettant et congnoissant s'oblige, etc.

« Fait aud. Montsauche le dix-neuviesme jour d'octobre l'an mil cinq cent quarante-trois. » (folio 37).

Ce morceau, qui aurait très certainement perdu de sa saveur à être analysé, révèle que Guillaume pensait à son âme. Bien qu'icelle ait été alors un objet de grande préoccupation, il est avéré que les fidèles ne s'en souciaient que lorsqu'ils croyaient toucher au terme de la vie. Aussi les fondations pieuses étaient-elles généralement l'œuvre des vieillards ou des valétudinaires. Or, Guillaume n'avait que 40 ans ; nous le rangerons donc dans la seconde catégorie des fondateurs, à moins cependant qu'on ne veuille voir en lui un fervent catholique faisant exception à la règle générale.

Quoi qu'il en soit, le curé Marchand, plus préoccupé sans doute d'asseoir sur des bases solides sa rente de deux sols six deniers tournois que d'envoyer en paradis l'âme de Guillaume, faisait ratifier la garantie hypothécaire par la famille qui ne devait se composer que du frère, car, le cas échéant, les autres membres n'auraient pas manqué d'y figurer.

Pour en finir avec le terrier 1280, disons que de l'étude très approfondie de cette énumération des droits et possessions de l'église de Montsauche, il appert que beaucoup des immeubles curiaux confinaient à ceux des Parthiot, principalement à ceux de Guillaume et de Philibert. Or, personne n'ignore que les terres de l'Église étaient toujours parmi les plus productives du lieu, d'où l'on peut induire que les propriétés de nos ancêtres ne se composaient pas uniquement, comme c'était l'usage alors, de friches impropres à tout genre de culture.

Enfin, un membre de la famille Parthiot fut un peu plus tard curé de Montsauche. Nous aimons à croire que l'âme de Guillaume ne fut point oubliée durant la gestion de son parent.

Le curé Léonard Partiot administra la paroisse de Montsauche de 1583 à 1605. Il intervint, en qualité de prud'homme, dans le partage des bois d'Alligny-en-Morvan effectué judiciairement le 22e jour du mois de septembre 1598 (1).

---

(1) Arch. A. P.

Le rôle de Me Léonard consistait à déterminer les droits d'usage d'un certain nombre de ses paroissiens, droits qui ont été depuis contestés et qui ont nécessité à diverses reprises l'intervention de la justice (1).

---

(1) Un jugement du tribunal civil de Château-Chinon, prononcé le 13 octobre 1895, règle les droits revendiqués par plusieurs habitants de la commune de Montsauche parmi lesquels on compte sept Parthiot :
1° Claude, gendre Lenoir, propriétaire à Argoulais ;
2° Claude, propriétaire à Roche ;
3° Augustin, propriétaire à Argoulais ;
4° François, propriétaire à Roche ;
5° Reine, veuve d'Etienne Renault, propriétaire à Roche :
6° Jean, dit Emiland, propriétaire à Montsauche :
7° Barthélemy, propriétaire à Argoulais.

IV

L'État Civil.

L'état civil est la constatation des trois faits les plus caractéristiques exerçant principalement de l'influence sur l'état d'une personne, à savoir la naissance, le mariage, le décès.

La Grande Encyclopédie, ouvrage en cours de publication auquel nous empruntons cette définition, ajoute :

« L'état civil est, rien au moins ne défend cette hypothèse, aussi vieux que la famille ; mais il n'en est pas de même de sa constatation, qui a bien longtemps été confiée uniquement aux souvenirs des intéressés d'abord, puis aux notes plus ou moins rudimentaires ou probantes dressées par le chef de la famille ou par des tiers. Depuis l'origine du christianisme, sa constatation n'a été que la conséquence de celle de l'accomplissement d'un sacrement ou d'une cérémonie religieuse. Quant aux personnes appartenant aux cultes dissidents, elles n'avaient pas d'état civil officiel. C'est de nos jours seulement que l'état civil a été créé pour tous ceux qui habitent le territoire français sans exception, et que, pour conférer l'authenticité à ses actes, les officiers de l'état civil ont été institués. »

Quant aux actes de l'état civil, le Musée des Archives départementales, paru en 1878, en dit ceci :

« Actes de l'état civil. — L'état civil régulier ne date en France que de l'ordonnance de François Ier (août 1539). Avant cette époque, plusieurs curés tenaient registre des baptêmes, mariages et enterrements accomplis dans leur paroisse. Les deux plus anciens dont l'existence ait été reconnue jusqu'à ce jour sont ceux de Montarcher (Loire), écrits en 1469, et ceux de Châteaudun (Eure-et-Loir), postérieurs de dix années. Ce sont, au fond, des registres de comptes, car le curé y note avec soin le payement des droits qui lui étaient dus. Cependant, quoi qu'il ne paraisse rien percevoir pour les baptêmes, il n'en inscrit pas moins avec détail les noms des nouveau-nés, des pères, mères, parrains et marraines (1). »

La Grande Encyclopédie, dans son article « Actes de l'état civil », les fait remonter un peu plus loin (ce qui semble indiquer qu'on en a découvert depuis l'impression du Musée des Archives départementales) et, après en avoir parlé chez les Athéniens et chez les Romains, l'auteur continue ainsi :

« La législation romaine en matière d'état civil ne s'est pas perpétuée au moyen âge. C'est au témoignage oral seulement qu'on pouvait avoir recours, pour prouver soit l'âge, soit la parenté. Le parrain, la marraine, le prêtre qui avait baptisé, étaient appelés à déclarer l'âge d'une personne lorsqu'il y avait lieu. Ce fut à la fin du XIVe et au début du XVe siècle seulement que la preuve écrite commença à se substituer à la preuve orale, et

---

(1) Introduction, p. XXXIII.

qu'on commença à tenir des registres qui purent jouer le rôle de nos registres d'état civil. L'origine de ces registres est assez singulière pour qu'il vaille la peine de l'expliquer avec quelques détails. C'est pour que les prêtres puissent observer exactement les prescriptions canoniques interdisant le mariage entre parents et alliés que les évêques au commencement du XVe siècle enjoignirent aux curés de tenir registre des baptêmes, et de n'y point oublier le nom des parrains et marraines (suit une ordonnance de 1406 émanant de Henri le Barbu, évêque de Nantes)..... Le plus ancien registre de baptême, jusqu'à présent connu en France, est de 1411. Les registres de mariage et de décès ont une origine différente. Ils ne sont au début que les registres de comptes, sur lesquels les curés inscrivaient ce que leur rapportaient mariages et enterrements, en dépit des règles canoniques qui leur interdisaient formellement de rien percevoir pour l'administration des sacrements ou la sépulture des fidèles. On connaît de ces sortes de registres en France qui remontent aux dernières années du XIVe siècle. Ces écritures se généralisèrent lorsque l'on vit quel parti l'on en pourrait tirer, et quels services elles pourraient rendre, non seulement aux curés et à l'Église, mais à tous. Ce fut alors aussi que l'autorité ecclésiastique et l'autorité civile intervinrent pour les régulariser et les rendre obligatoires. »

Puis il cite l'ordonnance de 1539 et rappelle les suivantes qui devaient aboutir à la loi du 20 septembre 1792, qui retira au clergé la tenue des livres de l'état civil pour les confier aux municipalités.

Ces longues citations ont bien leur importance et nous ne pensons pas qu'on puisse nous les reprocher, car les

2

actes de l'état civil jouent un rôle trop important dans notre société pour qu'il soit permis d'en ignorer les origines.

Les prescriptions de l'ordonnance de 1539 ont pu être observées à Montsauche, mais ses archives communales ne possèdent aucun fragment de registre du XVIe siècle, et l'on peut en dire autant des autres communes que nous avons visitées. Quant aux collections des greffes, elles sont moins complètes et moins anciennes que celles des mairies. Ainsi pour Montsauche, qui nous intéresse plus particulièrement, les registres versés à la mairie sont contemporains des premières années du XVIIe siècle, tandis que les doubles déposés au greffe du tribunal civil de Château-Chinon ne remontent pas au delà de 1686.

L'uniformité est bannie des actes de catholicité qui sont tantôt laconiques, tantôt prolixes, selon le rang des personnages. On pourrait à la longueur de l'acte en déterminer le prix. A ne prendre que dans la famille, à côté d'actes très courts on en remarque d'autres démesurément allongés par l'énumération des qualités de toutes les personnes qui y figurent.

V

L'Émigration à Moux, à Alligny et à Chissey.

Les registres de l'état civil de Montsauche, nous l'avons dit, remontent au commencement du XVIIe siècle. Il serait donc possible, à l'aide de ces précieux recueils, de suivre la majeure partie des membres de la famille, mais un pareil travail prendrait des proportions excessives peu en rapport avec notre modeste budget, car les Parthiot multipliaient avec une telle rapidité que la paroisse de Montsauche devint trop restreinte pour les contenir tous. Aussi verrons-nous bientôt quelques-uns des nouveaux venus abandonner leurs lares et s'établir dans les localités voisines.

Malgré une émigration soutenue, la famille Parthiot, il est bon de le dire, n'a jamais cessé de fournir un fort contingent à la population paroissiale ou communale de Montsauche. Elle détenait même, qu'on veuille bien nous passer l'expression, le record numérique, avec 56 habitants sur 1463, au recensement de 1896.

La difficulté des transports était alors un sérieux obstacle aux déplacements et les émigrants limitèrent leur champ d'action aux paroisses limitrophes. C'est sur celle de Moux qu'ils paraissent d'abord avoir jeté leur dévolu. Ils commencent par y fonder, vers la fin de la première moitié du XVIIe siècle, en un lieu appelé les Branlasses, le

Hameau des Parthiots

Situé sur les bords de l'immense réservoir des Settons (1), aux confins des communes de Moux et de Montsauche, le hameau des Parthiots fait partie de la première et se compose actuellement de six maisons et de dix-huit habitants, parmi lesquels Mme Guillaumot, née Parthiot, qui descend en ligne directe des parrains de la localité.

Sous l'ancien régime, la paroisse de Moux se divisait en deux parties, l'une relevant de la Bourgogne, l'autre du Nivernais.

Dans la dernière se trouvait le « fief des Parthiots ». En transportant leurs pénates en ce lieu, les Parthiot restaient donc fidèles au Nivernais, mais peu à peu ils pénétrèrent plus avant dans leur nouvelle paroisse et entrèrent dans la partie bourguignonne. Continuant à multiplier à l'envi, ils ne tardent pas à devenir légion à Moux aussi bien qu'à Montsauche. L'état civil nous en offre un témoignage irrécusable. Signalons l'acte de mariage de Louis et de Pierrette Barbotte « tous deux de cette paroisse » [Moux], du 1er décembre 1668 (2), et les

(1) Le réservoir ou lac des Settons, qui est l'une des principales curiosités du Morvan, est compris à peu près par moitié dans les territoires de Moux et de Montsauche. Ses eaux, évaluées à 22.000.000 de mètres cubes (plus de 3 fois le volume de celles de Bouzey) et retenues par une digue de 271 m. de longueur sur 20 m. de hauteur, couvrent environ 400 hectares.

(2) Étaient présents à ce mariage : « Jean Partiot, son père ; Barthélemy Partiot, son frère ; Jacquette Partiot, sa sœur. »

actes de naissance de Lazare, fils de Louis, du 9 octobre 1669, et de Claudine, également fille de Louis, du 1er février 1672.

Ce Louis, qui remplissait les importantes fonctions de marguillier, figure comme témoin dans la plupart des actes dressés sur la fin du XVIIe siècle.

Le 23 novembre 1677, mariage d'un autre Parthiot. Mais celui-ci devait être un personnage : il est qualifié de « honneste Philippe Partiot, fils de Mre Fuvent-Barthélemy Partiot et de damoiselle Marie Raimbot, de la paroisse de Montsauche. » L'épousée est aussi désignée sous le titre de « damoiselle Jehanne Barbotte, fille de feu Mre Simon Barbotte, notaire. »

Ces formules, qui étaient employées pour les gens de qualité, n'étaient pas prodiguées aux vilains et il fallait que ceux-ci fussent déjà d'une condition bien au-dessus de la moyenne.

L'apparition des Parthiot dans la paroisse de Moux nous est encore révélée d'une façon irréfutable par le rôle de taille de 1676, où Louis figure à la 3e cote (1). Les rôles postérieurs contiennent Louis, marguillier à Moux; Pierre, manant à Cuize; Jean, métayer de la Foly; Nicolas, métayer à quatre bœufs. Ces deux derniers aux Bois et Chevigny. Puis, sur les rôles du XVIIIe siècle, on voit : Edme, Jean, François, Léger, Barthélemy, Pierre, Antoine, Magdeleine, Françoise, etc. Le tout, bien entendu, pour la seule partie bourguignonne : il est plus que probable que la partie nivernaise fournissait aussi un bon contingent.

---

(1) Les rôles des années 1665 à 1675 font défaut.

Nous ne nous attarderons pas plus longtemps à Moux. Toutefois, avant de quitter ce joli petit village, situé au pied des hautes montagnes qui formaient la limite des deux provinces, ajoutons que la descendance mâle de ceux qui y sont demeurés jusqu'au XIXe siècle n'y est plus représentée, mais qu'un monument élevé sur la place principale rappelle aux habitants le souvenir de leur compatriote Pierre Parthiot.

Ce modeste monument, que nous reproduisons page 75, est l'œuvre d'Andoche Parthiot, fils de Pierre.

Alligny-en-Morvan (1).

Pas plus à Alligny qu'à Moux, il n'est possible de préciser l'arrivée des Parthiot, qui est sûrement antérieure au 30 mars 1671, date du baptême de « Anne Partiot, fille de Joseph et de Mongeotte Lège. »

Le 23 janvier 1681, Joseph s'y remariait avec Mongeotte Gauthard, qui elle aussi était veuve, et le 12 juillet 1683 on comptait dans cette paroisse un Parthiot de plus, auquel on donna le prénom de Lazare.

Nous avons découvert récemment un acte de 1665 où Joseph est déclaré habitant de Beaumont (hameau d'Alligny). Il y fut imposé de 1675 à sa mort, arrivée en 1716 à l'âge de 75 ans (les rôles manquent de 1665 à 1674).

En 1695, Joseph et son gendre (le mari d'Anne proba-

(1) Alligny occupe le premier rang des dix communes du canton de Montsauche par son revenu annuel (7522 fr.) et le second par son étendue (4885 hectares). Comme celles de Montsauche et de Moux, la commune d'Alligny se compose de nombreux hameaux fort éloignés les uns des autres.

blement) sont inscrits sous la même cote. Cette habitude de vivre en commun, vieux reste de la famille patriarcale, était encore largement pratiquée dans toute la région. Elle a même été pour nous une difficulté avec laquelle il a fallu souvent compter.

Joseph fut suivi par Pierre, dont nous nous occuperons plus spécialement dans la seconde partie de notre travail, et l'immigration s'arrêta. Aussi advint-il que le nom disparut d'Alligny sur la fin de la première moitié du XVIIIe siècle, pour y réapparaître au XIXe. Mais cette fois les rejetons, qui appartiennent à la troisième branche des derniers Parthiot de Moux (voir page 77), ont dérogé à la fécondité, de sorte que le nom en disparaîtra à nouveau avec Etienne, dont l'unique fille est devenue, en novembre dernier, Mme Henri Chaudron (1).

Chissey-en-Morvan (2)

De Moux, les Parthiot passèrent à Chissey et ce fut Barthélemy qui joua en cette occurrence le rôle d'éclaireur. Il y planta sa tente vers 1687, puis Philippe l'y rejoignit peu de temps après. L'un et l'autre disparurent de Chissey vers 1710, ainsi qu'en témoignent les rôles d'impositions, non sans y avoir marié plusieurs de leurs enfants avec des *Bretin*, des *Martenne*, etc.

---

(1) Nous venons d'apprendre l'existence d'un autre Parthiot dans la commune d'Alligny. Mais ce dernier, qui porte aussi le prénom d'Etienne, n'a que deux filles. Enfin il habite Gutte-Jeanne et a déjà 57 ans (v. p. 86).

(2) Chissey fait aujourd'hui partie du canton de Lucenay-l'Evêque. On y remarque un vieux château flanqué d'un donjon et de trois tours qui eut pour hôte Napoléon à son retour de l'île d'Elbe.

DEUXIÈME PARTIE

FILIATION

Louis, Émiland, Pierre, René et Jacques, Dominique.
Descendance de Dominique : Parthiot de Blangey (2 branches).
— — de Thury (3 branches).
Les derniers Parthiot de Moux (3 branches).
Les Parthiot de Sauvigny.
— d'Island.
— de Tachely.

La Filiation.

Nous employons dans cette partie, jusqu'à la page 72 (1), un terme algébrique qui a besoin d'être expliqué. Nous voulons parler de l'exposant du prénom titre de chapitre, lequel exposant est un renvoi correspondant à l'échelon généalogique.

Exemple :

EMILAND^2 indique que Emiland figure à la 2e ligne,
PIERRE^3, que celui-ci est porté à la troisième,
RENÉ^4, que ce dernier est inscrit à la quatrième.

En d'autres termes, que Emiland est fils de Louis (lequel Louis occupe la 1re ligne), que Pierre en est le petit-fils, René l'arrière-petit-fils et ainsi de suite.

---

(1) Primitivement, la filiation s'arrêtait à la page 72 et ne comportait qu'un seul arbre généalogique s'appliquant aux Parthiot de Blangey et de Thury, dont l'ascendance est commune à partir de Dominique (ligne 5).

Mais, à peine avions-nous terminé notre travail, que, grâce aux indiscrétions, nous avons eu la satisfaction de voir déjà quelques-uns de nos collatéraux venir prendre place dans ce livre de famille. Et alors, pour conserver la clarté, il nous a paru indispensable de ne réunir que les membres d'un même tronçon. C'est ainsi que nous avons été amené à dresser quatre nouveaux tableaux généalogiques secondaires qui correspondent aux quatre nouveaux groupes.

L'ordre d'arrivée a été scrupuleusement respecté. Or, par un effet du hasard, il se trouve que c'est également l'ordre d'importance. Les tableaux comprennent respectivement, le 1er 11 générations, le 2e et le 3e 6, le 4e 5 et le 5e 4.

I

LOUIS

Né, selon toute vraisemblance, vers 1575, Louis habitait (1606-1626) Grosse, hameau de la paroisse de Montsauche, qui fut rattaché plus tard à celle de Planchez et qui fait actuellement partie de cette dernière commune. Il avait épousé Léonarde Bourbon dont il eut :

Emiland (22 janvier 1606) ;
Barthélemy (16 mars 1608) ;
Jeanne (24 février 1610) ;
Jean (8 septembre 1612) ;
Dimanche (1er mars 1615) ;
Vincent (27 mars 1619) ;
Barbe et Pierrette (25 mars 1622) ;
Dimanche et Léonarde (27 avril 1624) ;
Louis (16 juin 1626).

De ces onze enfants, nous ne suivrons que l'aîné. Pourtant Barthélemy et Jeanne méritent d'être mentionnés comme calligraphes, à en juger par leurs signatures, fort remarquables, apposées au bas des nombreux actes de catholicité où ils figurent comme parrain et marraine.

Le libellé de ces actes nous porte à croire qu'ils jouissaient l'un et l'autre d'une certaine considération. Le rédacteur n'écrivait jamais le nom de « Jehanne Partiot » sans le faire précéder de l'épithète flatteuse de « honneste fille ». Quant au vocabulaire des qualificatifs employés à l'égard de Barthélemy, il était moins restreint : c'est par les titres de « Monsieur, Mestre, Messire et même Noble Barthélemy Partiot, lieutenant de la Mareschaussée de Château-Chinon », que le curé de Montsauche le désignait.

II

EMILAND[2]

L'acte de mariage d'Emiland nous a échappé, mais la naissance de son premier enfant nous autorise à affirmer qu'il fut célébré dans les premiers mois de l'année 1626.

Emiland mourut en 1675 et sa femme, Reine Chaumien, ne lui survécut que trois années.

LES ENFANTS D'ÉMILAND

JEANNE, née le 26 décembre 1626 ;

MATHIEU, né le 22 septembre 1630, marié à Reine Lenoir ;

PIERRE, né le 24 février 1634, marié en premières noces à , le , à Philiberte Thénard et en secondes noces, à Alligny-en-Morvan, le 21 janvier 1687, à Nicole Beugnon ;

BARTHÉLEMY, né le 23 février 1637 ;

REINE, née le 5 juillet 1641 ;

MARCEAU, né le 22 janvier 1645 ;

JOSEPH, né le 12 novembre 1650, marié à Nicole Bertoux.

Le troisième des enfants d'Emiland dut quitter son pays natal de bonne heure, apparemment au plus tard à l'époque de son premier mariage, car, ainsi qu'on le verra au chapitre III, nous ne retrouvons sa trace qu'en 1686. Les registres de Montsauche sont muets en ce qui concerne la naissance des trois enfants que nous lui connaissons.

III

PIERRE[3]

Pierre, qu'on retrouve imposé, comme laboureur, à La Chaux, paroisse d'Alligny, de 1686 à 1705, avec une cote variant de 20 à 34 livres, était-il veuf à son arrivée à La Chaux ? Il est permis de le supposer, les registres d'Alligny ne renfermant pas le décès de sa femme, Philiberte Thénard. Quoi qu'il en soit, il s'y remariait, le 21 janvier 1687, avec Nicole Beugnon du Creuzot, laquelle était veuve de Guillaume Martin.

La mariée n'était plus à même de faire goûter à son époux les joies de la paternité, mais le nouveau ménage n'en était plus à envier ces joies, Pierre avait encore à notre connaissance deux fils et Nicole deux filles. Ces quatre jouvenceaux s'unirent à leur tour entre eux le 23 octobre 1693 et continuèrent à vivre sous le toit paternel.

Nicole mourut le 15 mai 1705. Quant au décès de Pierre, les registres, qui ne sont pas sans lacune, ne le mentionnent pas, mais la disparition de sa cote pour l'année 1706 peut être regardée comme un indice de sa mort.

LES ENFANTS DE PIERRE

JACQUES, né à , le ; marié à Alligny, le 23 octobre 1693, à Jeanne Martin ; mort à La Chaux, le 14 septembre 1719, à l'âge de 45 ans, dit l'acte.

RENÉ, né à , le ; marié en premières noces à Alligny, le 23 octobre 1693, à Françoise Martin et en secondes noces à Alligny, le 9 octobre 1699, à Brigitte Quarré ; mort à La Chaux, le 26 mai 1723, à l'âge de 50 ans, dit l'acte.

NICOLE, morte à La Chaux, le 13 janvier 1687.

IV

JACQUES ET RENÉ[1]

La vie relativement courte de ces deux frères, épousant les deux sœurs et vivant côte à côte, s'est écoulée presque entièrement sur leur terre d'adoption et n'offre rien de particulier. Le premier figure aux rôles de taille de La Chaux sous la rubrique « Jacques Partiot et consorts » (61 livres), puis sans consort, jusqu'à sa mort. René a une cote variant de 15 à 20 livres de 1707 à 1723.

Ces rôles de taille, qui nous ont permis, concurremment avec l'état civil, de faire revivre nos ancêtres, sont parfois des sources historiques bien précieuses. A celui de l'année 1709 est jointe une pièce qui mérite d'être signalée.

L'hiver 1708-1709 fut, comme l'on sait, désastreux en Bourgogne. Le manque absolu de récoltes avait mis les paysans, ces « animaux farouches » peints par La Bruyère, dans l'impossibilité de se procurer le « pain noir » dont ils vivaient en 1687.

L'état de dénûment dans lequel se trouvèrent les paroissiens d'Alligny après cet hiver terrible a été consigné, avec une simplicité saisissante, par un contemporain auquel nous cédons la parole :

« Le treizième jour du mois de juin mil sept cent neuf à requête de Dimanche Carré et Jean Regniau, receveur des tailles royalles de la paroisse d'Alligny l'année presante qui font eslection de domicile en leurs maisons aux villages de Reglois et de Pantière, paroisse d'Alligny par moi Philibert Donat, sergent à Alligny, soussigné, certifie m'estre transporté parmi toute lad. paroisse avec lesd. Carré et Regniau ensuitte du commendement a eux fait de la part par Fichot huissier en datte du 12 juin de la part du sieur receveur du bailliage d'Autun.

Premièrement, Alligny. — Transporté au domicile de Noël Grillot ie lui ai fait commendement de payer les sommes à quoy ils sont imposés au roolle de la taille, m'a fait reponse n'avoir argent ; nous n'avons dans le domicile dud. Grillot trouvé aucuns meubles, dans le domicile de Thomas Pairuchot nous n'avons trouvé aucuns meubles. Transporté au domicile de Jean Debize, parlant à sa femme et a dit n'avoir argent ny aucuns meubles ny pain depuis deux mois. Transporté au domicile de Esmilland Pichot et de la veuve Guillaume Pautard, nous n'avons trouvé aucuns meubles, mais elle couche sur un peu de foing contre terre. Transporté au domicile de Pierre Martin et Pierre Jeannin avont dit n'avoir argent ny meubles ny moyens ny de quoi vivre. Transporté au domicile de Claude Choureau, Jean Cottin, Claude Bonnard à eux fait commendement de payer les sommes portées par le roolle et nous ont dit n'avoir argent et n'avons trouvé aucuns meubles ny pain qu'environ deux livres de pain de fougère. Transporté au domicile de Philibert Julien et Jean Gallord, parlant à leurs personnes, commendement à eux de payer les sommes comme cy dessus avons fait reponse qu'ils n'avoient ny meubles, ny pain pour leur famille, et s'ils avoient de l'argent qu'il estoit au pain. »

Jarnoy. — Mêmes lamentations ; pas de grain dans tout le village.

La Cremaine. — Sans pain depuis Pâques ; quatre personnes mortes de faim.

La Place. — Ne vivaient que d'herbes sauvages qu'ils cueillaient dans les prés.

Champcoumois (Champcommeaux). — La veuve Jean Collenot avait abandonné la localité. Les autres « voulaient abandonner leurs biens plutôt que de payer la tôte ». Ils mouraient de faim ; pas une once de pain dans le village. Depuis un mois ils ne vivaient que de « raveniaux sauvages. »

Bazolle et Pensière. — Depuis trois mois n'avaient tenu pain ; ne mangeaient que des herbes.

Mont. — « Village de six méchantes maisons ». Cinq femmes veuves, onze petits orphelins qui n'avaient pour subsistance que des herbes sauvages qu'ils amassaient dans les champs.

Ruère, La Ferrière, Reglois. — Ne vivaient que de pain de fougère et couchaient « sur les carreaux avec un peu de paille sans aucun linge ».

Marnay. — « Deux mois qu'ils n'avoient veu pain ; qu'environ cinq boisseaux d'avoyne qu'ils avaient pour semer les ont mangé même. Lazare Chouriau, garde moullin du moullin de Mornoy et lieux voisins, a certiffié qu'il y avoit bien un mois que le moullin n'avoit moullu graine. »

Quant à la visite de La Chaux, elle a trop de rapport avec notre sujet pour que nous ne la donnions pas dans son intégralité. La voici :

« Transporté à La Chaux au domicile de Jean Thénard ; transporté au domicile de Dimanche Beugnon ; transporté au domicile de Guillaume Noëlle ; transporté au domicile de Jean Thibaut ; transporté au domicile de la veuve Cottin ; transporté au domicile de Jean Garnier, tous manouvriers aud. lieu, commendement de payer les sommes portées par le roolle, parlant à leurs personnes, nous avons fait réponse n'avoir argent, sommes entrés dans leurs domiciles nous n'avons trouvé aucuns meubles et avont dit qu'ils ne vivoient que d'orties et de chardons sauvages depuis Pâques, en ça nous sommes entrés dans le domicile de Claude Pichenot, pour dresser le présent et nous a dit que la chose était véritable (1). »

Que conclure du mutisme du sergent en ce qui concernait les autres contribuables, parmi lesquels René ? Que ceux-ci avaient déjà payé. En effet, le silence de Donat ne pouvait être la conséquence d'un oubli, attendu que c'est au domicile de Claude Pichenot qu'a été dressé le procès-verbal que nous venons de citer. De plus, la cote de Me Nicolas Girardot, « avocat en Parlement », ne pouvait être classée dans la catégorie des irrécouvrables. Pourtant Donat nous semble s'être trompé en qualifiant de manouvriers Jean Thénard et Dimanche Beugnon. Le premier était imposé à 53 livres (ce qui ne représente pas moins de 160 francs de nos jours) et le second à 40 livres. D'un autre côté, tous deux sont portés cultivateurs aux rôles des années précédentes et suivantes.

LES ENFANTS DE RENÉ

Premier lit

MARTIN. — Né à Alligny, le 8 septembre 1695.

---

(1) Le rôle de 1709 contient : « Me Nicolas Girardot, cent livres ; Jean Thénard, cinquante-trois livres ; Claude Pichenot et Jean Balloux, soixante-trois livres cinq sols ; Dimanche Beugnon, quarante livres ; Nicolas Julien, dix-huit livres ; Guillaume Noël, six livres sept sols six deniers ; Jean Thibaut, quatorze livres quinze sols ; la veuve de Lazare Costain, dix livres douze sols ; Jean Garnier, huit livres ; Regné Partyot, saize livres ; Dominique Ratheau, vingt-cinq livres. »

Deuxième lit

NICOLAS. — Né à Alligny, le 9 décembre 1700.

DOMINIQUE. — Né à Alligny, le ; marié en premières noces à Cussy-en-Morvan, le 26 avril 1729, à Dominique Rousselet (1) (celle-ci, née à Cussy, le 2 septembre 1698, morte à Igornay, le 30 septembre 1761, était veuve de Philibert Charlot) et en secondes noces à Igornay, le 6 octobre 1762, à Claudine Bourgeois ; mort à Cordesse, le 12 octobre 1774.

JACQUES. — Né à Alligny, le 21 juin 1703, mort au même lieu, le 15 janvier 1711.

V

DOMINIQUE[5]

Aucun de nos ancêtres, si ce n'est son fils René, n'a mené une vie aussi errante que Dominique. Né à La Chaux, il se marie à Davelle (paroisse de Cussy) qu'il quitte bientôt pour aller s'établir à La Bussière (paroisse d'Anost) où il est imposé, comme journalier ou petit laboureur, de 1733 à 1750, avec une cote variant de 9 à 21 livres. On le retrouve, en 1754, imposé à 48 livres

(1) La permanence de ce nom patronymique est établie à Cussy depuis Hugues qui vivait en 1475 et habitait La Faye, paroisse de Cussy. (Arch. de la C.-d'Or, B. 11510-11511). Le rôle de 1551 contient Moingeot Rousselet pour la somme de « cinq gros ung blanc. »

11 sols en qualité de « laboureur pour autruy », au Bourgeot (paroisse d'Igornay).

Un an après la mort de sa femme, Dominique, dont les enfants avaient dépassé la trentaine, éprouve le besoin de convoler en secondes noces et commet la maladresse d'épouser une jeune femme. Aussi advint-il qu'au bout de quelques années de mariage, Dominique, qui avait déjà un pied dans la tombe, était encore à la tête d'une jeune famille incapable de se sustenter.

Contrairement à ce qui se produit presque toujours en pareil cas, l'harmonie ne fut pas rompue entre le nouveau ménage et les enfants du premier lit. René tint même sur les fonts baptismaux son frère consanguin, ce qui explique l'identité de prénoms.

Sur la fin de 1774, Dominique, à un âge où l'on n'aspire ordinairement qu'au repos, changeait encore une fois de résidence et se transportait à Cordesse, où la mort vint l'enlever à sa famille très peu de temps après son installation.

Nous nous sommes vainement demandé pour quel motif Dominique quittait Le Bourgeot, attendu que ses intérêts auraient dû, semble-t-il, l'y retenir (sa seconde femme était native de ce village qu'il habitait lui-même depuis plus de vingt ans et deux de ses enfants y étaient mariés). Nous sommes persuadés qu'à cette époque les étrangers devaient être attirés à Cordesse par des avantages réels, car Dominique, qui n'était pas sans prévoir sa fin prochaine, ne déménageait pas dans le simple but d'aller mourir là où l'Eduen Julius Sacrovir a terminé tragiquement sa carrière (1). D'ailleurs le rôle d'Igornay,

(1) Courtepée, II, p. 563.

pour l'année 1775, accuse l'émigration de plusieurs ménages au profit de Cordesse.

Une monographie de cette dernière localité dévoilerait peut-être la cause d'une immigration aussi accentuée, mais malheureusement, Cordesse, comme la plupart des humbles communes, attend toujours son historien.

LES ENFANTS DE DOMINIQUE

Premier lit

LAURENT. — Né à Cussy-en-Morvan, le 24 mai 1730.

RENÉ Ier. Né à , le ; marié à Igornay, le 19 avril 1758, à Anne Boisseau; mort à Jouey, le 25 thermidor an XII (13 août 1804).

REINE. — Née à Anost, le 28 juin 1733; mariée à Pierre Bourgeois, cultivateur à Igornay; morte à Igornay, le 1er novembre 1792.

Deuxième lit

PHILIBERTE. — Née à Igornay, le 25 juillet 1763, dont la destinée ne nous est pas connue.

RENÉ II. — Né à Igornay, le 13 juillet 1765; marié en premières noces à Thury, le 11 floréal an VI (30 avril 1798), à Françoise Bobin, et en secondes noces à Thury, le 13 avril 1814, à Pierrette Chauveau; mort à Thury, le 22 juin 1830.

ANNE. — Née à Igornay, le 15 octobre 1768; mariée à Arnay-le-Duc, le 12 juin 1792, à Étienne Regnier, cultivateur à Barot. (Jeanne Petit, qui avait formé opposition à ce mariage, fut déboutée de sa demande, le 26 mai 1792, par une sentence du tribunal d'Arnay.)

LES
PARTHIOT DE BLANGEY

I

RENÉ[6]

Ici, plus encore qu'ailleurs, notre insuffisance devrait nous interdire de parler d'une carrière si bien remplie; mais, en attendant que la descendance de René Ier produise une plume moins inexpérimentée que la nôtre, nous essaierons d'esquisser à grands traits la vie mouvementée de cet honnête et infatigable travailleur.

La date et le lieu de naissance de René Ier, que nous n'appellerons que René dans le cours de ce chapitre, ne nous sont pas connus. Son acte mortuaire le déclare né en 1727, à Cussy-en-Morvan. Or, son père ne se mariait qu'en 1729 et avait, le 24 mai 1730, un autre enfant baptisé sous le prénom de Laurent. René n'a donc pu naitre qu'en 1731, à moins pourtant que Laurent et René ne fassent qu'un, ce qui ne serait pas impossible. Dans ce cas, il aurait eu deux ans lorsque ses parents se fixèrent à La Bussière et vingt-trois lorsqu'ils arrivèrent au Bourgeot. C'est ici qu'il fit la connaissance d'Anne Boisseau.

A partir de son mariage on peut, grâce aux rôles des impositions, le suivre dans ses diverses résidences et conditions.

René habite d'abord Le Bourgeot, où il est successivement « manouvrier, augmenté de facultés et laboureur » jusqu'en 1775-76, puis Essertennes, où il augmente à nouveau de facultés et devient bientôt l'un des plus imposés de l'importante paroisse de Viévy.

Le moment nous semble venu de présenter René dans ses multiples occupations : A la culture, qui était la principale, il faut ajouter le trafic des bœufs, où il excellait, paraît-il. On nous l'a dépeint allant de foire en foire, monté sur un grand cheval, sans selle ni étriers, en blouse et l'aiguillon en main. Si nous ajoutons à cela que René avait, sur un corps d'hercule, une physionomie heureuse, on aura de lui un portrait qui péchera moins par l'exactitude que par l'élégance.

Au moral, René n'était pas moins bien doué qu'au physique et sa conduite peut servir d'exemple à ses descendants.

De plus, cet homme de labeur possédait au suprême degré l'amour de la famille. Ayant combattu la misère corps à corps, il rêvait pour ses enfants et les leurs un avenir moins malheureux et l'une de ses grandes préoccupations était de « s'arrondir ». Aussi lorsqu'il se présentait des besognes difficiles et lucratives René n'hésitait pas à les entreprendre : c'est ainsi qu'il va transporter en 1786, avec des bœufs, pour le compte de

Jacques Caristie, entrepreneur à Dijon, les matériaux nécessaires à la construction du Pont-de-Colonne (l'un des premiers ouvrages d'art de la région, et qui vient de subir un élargissement pour le passage du tramway départemental d'Arnay-le-Duc à Saulieu).

Ces transports de matériaux étaient alors une cause d'étonnement pour les curieux qui ne manquaient jamais d'assister aux chargements et déchargements et d'admirer la force de René, qui soulevait en se jouant d'énormes blocs de granit.

René avait quitté Essertennes en 1784-85 pour cultiver la ferme de Francy, banlieue d'Arnay-le-Duc (1). Cette ferme était importante et ses affaires y devinrent prospères. Outre la constitution dotale de sa fille et le mariage de son fils aîné, mariage dont nous parlerons plus loin, il fut à même d'acheter les biens-fonds énumérés ci-après :

LES ACQUÊTS DE RENÉ-ANNE

1° Biens nationaux provenant d'Émigrés.

Le 6e jour de la première décade de frimaire an II (26 novembre 1793), René obtint, moyennant 6040 livres,

(1) On sait qu'à cette époque la culture de la pomme de terre, malgré les écrits de Parmentier, était encore fort restreinte en France. A Blangey, elle ne s'étendait guère au delà du potager. Aussi, René qui n'en était déjà plus à ignorer les principales propriétés de ce solanum qu'il cultivait en grand, dès son arrivée à Francy, ne put-il échapper à la critique et à la moquerie. Il fut même surnommé « le Treufé » (producteur de « treufe », terme local par lequel on désigne encore la Parmentière). Mais les avantages de cette nouvelle culture eurent facilement raison de la raillerie et bientôt tous les cultivateurs de l'endroit s'efforcèrent, à qui mieux mieux, de suivre l'exemple de René.

la délivrance du lot formant la première des onze divisions du domaine seigneurial de Blangey et comprenant les immeubles suivants :

« Une maison, une grange et deux écuries, cour, jardin, une oûche [clos] à chenevière d'un demi-journal (le journal de 240 perches de 9 pieds et demi chacune). Derrière les bâtiments et oûche 7 quartiers de pré appelé le pré derrier, les 7 quarts formant une soiture trois quarts (la soiture de 240 perches de 9 pieds et demi chacune) ; 3 journaux, Champ-de-la-Borde ; Grandes-Raies 6 journaux en terre, 5 journaux en buissons. » (Procès-verbal d'estimation dressé le 23 septembre 1793, par le citoyen Darnay, assisté de Dominique Tard (1), officier municipal de la municipalité de Jouey, et de Dominique et Jean Bel, laboureurs à Blangey) (Arch. C.-d'Or, Vente des Biens nationaux, carton 76.)

Le prix de 6040 livres pourrait paraître beaucoup trop élevé, mais les bâtiments, qui ne sont plus aujourd'hui

---

(1) La famille Tard, qui est encore représentée à Blangey, est la plus ancienne du village. Elle s'y est fixée postérieurement à 1470 et antérieurement à 1552.

A cette dernière date fut dressé le premier des rôles d'impositions qui nous soient parvenus et « Cludet Tert » y figure pour la somme de 5 gros. Aucune des autres familles actuelles n'y est mentionnée (Arch. de la C.-d'Or, B. 11.518 et C. 6.149).

La famille Tard a fourni à diverses reprises des échevins à la communauté de Blangey et des conseillers municipaux à la commune de Jouey. Elle a même fourni un député à l'assemblée préliminaire du bailliage d'Arnay-le-Duc, tenue le 17 mars 1789. (On sait, en effet, que les délégués des paroisses et des communautés, porteurs des cahiers de doléances aux assemblées bailliagères, reçurent le titre de députés. Le député Tard fut précisément Dominique.) Comme toutes les autres familles de l'endroit, elle fut affranchie de la mainmorte, par Coste de Champeron, le 17 mai 1732.

Nous parlerons, dans un autre ouvrage, de cet affranchissement général, dont les conditions, très onéreuses pour les habitants d'alors, auraient pu avoir des conséquences désastreuses pour ceux d'aujourd'hui.

que des masures, étaient alors presque neufs et devaient être, pour l'époque et le lieu, l'idéal de l'habitation agricole, car des onze lots c'est le premier qui fut le plus disputé. (Les autres enchérisseurs furent : François Lhomme, notaire à Arnay-sur-Arroux ; Charles Théveneau, au même Arnay ; Jean Pacaut, laboureur à Blangey, et Gabriel-Pierre Piogey, notaire à Pouilly-en-Auxois.)

Le 16 vendémiaire an III (7 octobre 1794), le Directoire adjugeait, pour le prix de 600 livres, au citoyen René Parthiot, cultivateur à Francy, une soiture un huitième de pré et trois quarts de journal de terre, sis à Mimeure et provenant de l'émigré Claude-Casimir Fyot (26e division) (1).

2° Biens de diverses provenances.

Le 21 floréal an III (10 mai 1795), le citoyen René acquiert sur le citoyen Alexandre Rignault et la citoyenne Marie-Jacquette Navarre, sa femme, le cinquième d'un domaine sis à Esbordottes, commune de Chaudenay, et lieux voisins, consistant en bâtiments, granges, écuries, jardin, chenevière, verger, environ 52 journaux de terre et 8 soitures de pré. Le tout moyennant « dix mille livres de principal et cent vingt-cinq livres de belles mains (2). »

Un autre petit domaine de 36 journaux et 22 perches sis, en trois coutures, à Thoreille-le-Deffend, commune de Viévy, fut acquis antérieurement au 26 pluviôse an VI (3 février 1798) (3). René y possédait aussi d'autres

---

(1) Procès-verbal du citoyen Louis-Benoist Darnay (Arch. C.-d'Or, Vente des Biens nationaux, Carton 99).

(2) Acte reçu Bannelier, notaire à Arnay-sur-Arroux.

(3) Un dénombrement et arpentage effectué à cette date est conservé aux Archives P. C.

immeubles consistant en bâtiments, jardins, chenevières, prés, etc.

Il fit d'autres acquisitions assez importantes, que nous nous abstiendrons d'énumérer, notamment à Blangey, où il s'était définitivement fixé vers l'an IV et où il aurait pu jouir tranquillement du fruit de son travail, sans un de ces procès interminables et ruineux, alors si fréquents, dont l'issue est toujours douteuse, procès qui eut pour origine la spoliation d'un héritage et duquel nous ne pouvons nous dispenser de dire quelques mots.

LE PROCÈS

En 1758, lors de son mariage, Anne Boisseau était orpheline et avait la jouissance du maigre patrimoine laissé par ses parents, mais au décès de Jean et Désiré Lavolaine, ses oncles maternels, elle ne fut point admise, par ses collatéraux, au partage de la succession. Après avoir employé vainement les moyens pacifiques, René-Anne furent obligés de se pourvoir contre les spoliateurs afin d'obtenir légalement la restitution de leur part héréditaire.

Commencée en 1770, cette action était terminée dès le 26 août 1779! par un jugement donnant pleine et entière satisfaction à la communauté René-Anne. Attaquée par voie d'appel, cette décision des premiers juges fut confirmée au Parlement de Dijon (1), et le rapport des experts chargés de désigner les immeubles devant revenir

(1) Sous l'ancien régime les Parlements étaient des Cours souveraines, instituées pour administrer la justice en dernier ressort au nom du Roi. Celui de Dijon, qui datait de 1477, fut supprimé avec les douze autres par un décret de l'Assemblée Constituante du 7 septembre 1790.

à Anne Boisseau et d'estimer la levée des fruits fut rédigé le 12 décembre 1781. Les détenteurs n'ayant point voulu relâcher les immeubles compris dans le rapport, René-Anne durent reprendre les poursuites. Le tribunal d'Autun, dans son jugement arbitral du 18 floréal an XII (8 avril 1804), réglait tous les droits des époux Parthiot, soit en denrées, soit en immeubles, condamnait les défendeurs aux frais et dépens, liquidés à 4686 francs 17 centimes, et au relâchement des immeubles désignés dans le rapport du 12 décembre 1781.

Il sera peut-être bon, pour l'intelligence du récit, de suivre la chronologie et d'ouvrir ici une parenthèse pour dire un mot des parties :

René et Anne étaient les seuls survivants de tous ceux qui avaient figuré au début du procès, mais leur fin à tous deux était proche. Ils s'éteignirent, dans la maison provenant de la seigneurie de Blangey, Anne le 16 et René le 25 thermidor an XII (4 et 13 août 1804), laissant trois enfants, sinon riches, du moins dans une certaine aisance et à la veille d'entrer en possession de l'héritage dont ils avaient failli être dépouillés.

A voir les noms de René-Anne groupés dans le registre mortuaire, on croirait que le destin s'est plu à unir ces deux êtres dans la tombe, comme ils l'avaient été dans leur vie toute de labeur, de dévouement et de privations.

Saluons leur mémoire et revenons au procès.

Les ayants cause des spoliateurs, qui avaient hérité de l'entêtement et de la mauvaise foi de leurs ascendants, marchèrent tout d'abord sur leurs traces en frappant d'appel le jugement arbitral du 12 floréal an XII, qui fut confirmé par arrêt rendu les 12 mars et 23 avril 1806.

Plusieurs des appelants s'étant arrangés avec les enfants Parthiot, ce dernier appel n'avait été suivi que de quelques-uns dont l'obstination nécessita encore un nouveau jugement du tribunal civil d'Autun, prononcé les 9 décembre 1807 et 20 janvier 1808, et une nouvelle expertise faite par Michel Gagnard, propriétaire à Igornay, et Jean Jarlot, propriétaire à Allerey (Côte-d'Or), à la suite de laquelle expertise un traité passé devant Me Grillot, notaire à Autun, le 8 mai 1808, « éteignait et assoupissait », au gré des enfants Parthiot, cette instance qui avait duré 38 ans et ruiné plusieurs familles.

La justice actuelle, malgré les lenteurs qui lui sont reprochées, peut, on le voit, soutenir très avantageusement la comparaison, au point de vue de la rapidité et partant des frais de procédure, avec celle dont l'intervention a été nécessitée par les intérêts de nos pères.

LES ENFANTS DE RENÉ

Françoise. — Née à Igornay le 18 mai 1760 ; mariée en premières noces, à Arnay-le-Duc, le 29 juin 1788, à François Bourgeois, laboureur à Mimeure, qui mourut le 3 février 1791, et en secondes noces, à Jouey, le 24 prairial an VI (12 juin 1798), à Jean Bidault, maréchal-vétérinaire à Pochey, dont la postérité subsiste.

Pierre et Jean. — Ici nous abordons une étude quasi-contemporaine. En effet, si personnellement nous n'avons pas connu les enfants de René, il n'en est pas de même de nos pères qui n'ont eu qu'à évoquer leurs souvenirs de jeunesse pour nous transmettre les faits et gestes de Pierre et de Jean, avec lesquels ils ont cohabité. Et nous-mêmes, n'avons-nous pas entendu, il y a quelque trente ans, des récits dont le fond était puisé aux singularités de la vie publique ou privée des fils de René.

Ces narrations, parfois naïves, presque toujours exactes, faites par des témoins oculaires, en termes pittoresques, dans un patois local qui tend tous les jours à disparaître, avaient le don de frapper nos jeunes imaginations et elles se sont si bien gravées dans nos mémoires que nous pourrions aujourd'hui, sans le secours d'aucun document, faire les biographies complètes de Pierre et de Jean.

Nés à Igornay les 7 septembre 1764 et 21 décembre 1769, ils avaient par conséquent, à leur arrivé à Francy, Pierre 20 ans et Jean 15 ans.

Le premier avait sur le second une supériorité physique très marquée qu'il conserva toujours, et comme si, par un de ses caprices, la nature avait voulu les différencier encore elle leur donna des caractères dont le contraste était non moins frappant que la dissemblance physique : l'aîné, qui avait hérité de la force herculéenne de son père, était élancé, sanguin, impétueux, infatigable, expansif, économe pour ne pas dire avare ; le puîné était trapu, lymphatique, tranquille, indolent, sournois, prodigue pour ne pas dire dissipateur.

Malgré cette incompatibilité de goûts et d'humeurs, d'où naissaient de petites querelles quotidiennes, les liens de l'amitié ne furent jamais rompus. Pourtant, la prodigalité de Jean n'avait pas été sans inspirer quelque inquiétude aux parents. Ceux-ci, pour l'amender, le menaçaient de déshéritement au profit de Pierre. Jean y répondait par des menaces envers son frère. Mais ces menaces en l'air n'eurent aucun effet, et les trois enfants de René-Anne continuèrent à vivre en bonne intelligence après s'être partagé, par égales portions, l'héritage transmis par leurs parents.

LE PARTAGE

Pierre, ainsi que nous le verrons plus loin, lors de son mariage, avait été favorisé par ses père et mère, mais, « pour maintenir la paix qui doit régner entre des frères et sœur », il voulut bien, avec un désintéressement qu'on ne saurait trop louer, abandonner ses droits et se contenter pour tout avantage d'un préciput consistant en 46 ares de terre labourable et 3 ares de pré sis à Mimeure.

Tous les autres immeubles furent divisés en trois lots égaux dont le premier, composé de la moitié du domaine de Blangey et d'un tiers de celui de Thoreille-le-Défend, échut à Pierre, le deuxième, comprenant l'autre moitié de Blangey et le deuxième tiers de Thoreille, arriva à Jean et le troisième, formé du domaine d'Esbordottes et du troisième tiers de Thoreille, passa à Françoise. (Acte reçu Bannelier, notaire à Arnay-le-Duc, le 20 novembre 1806.)

Quant au mode adopté pour la subdivision du domaine de Blangey, qu'il nous soit permis de le dire en passant, il fut détestable. Les propriétés furent morcelées et les bâtiments agricoles divisés (1). Chacun des deux frères n'eut plus qu'une écurie et une demi-grange. Enfin d'une habitation confortable on fit deux logis inhabitables,

---

(1) Ces bâtiments n'ont pas cessé d'appartenir à la famille. La partie qui advint à Pierre vient d'être restaurée par les soins de son petit-fils, Parthiot-Cortot. Quant à l'autre, celle qui alla à Jean, elle est encore à peu près dans l'état où elle se trouvait au moment du partage.

dont les inconvénients se font sentir encore aujourd'hui. Pierre eut la chance de conserver la vieille maison, tandis que la neuve alla à son frère.

BRANCHE AINÉE

II

PIERRE[7]

Pierre (1) se maria à Jouey, le 21 juin 1791, à Anne Picard de Blangey. Ce mariage donna lieu à des contestations. Le contrat, dont nous nous occuperons tout à l'heure, avait été passé devant Bannelier, notaire à Arnay-le Duc, le 26 mai 1791, et les futurs espéraient se marier le 14 juin, lorsque, le 27 mai, Jean Martin forma, par exploit d'huissier, opposition à la publication des bans qui devait être faite le surlendemain 29.

Pourquoi Martin s'opposait-il à cette union ?

Anne avait été recherchée en mariage par l'opposant ; un contrat, reçu Bannelier, était intervenu le 31 décem-

(1) Pierre fut aussi connu sous le surnom de Pendiment. Les narrateurs qui nous ont transmis le fait prétendaient à tort que ce mot était son juron favori. Pendiment n'est pas un juron mais un terme dont, sans doute, Pierre usait ou abusait dans la conversation. Cette expression, qui est d'origine morvandelle, n'a jamais été usitée à Blangey (de là l'erreur) et nous n'en connaissons nous-mêmes la valeur que par le savant ouvrage de M. de Chambure, que nous citons, textuellement : « Pendiment que, loc. pendant que, tandis que... On m'a volé « en c'pendiment » que j'étais en voyage. Parlez-lui « pendiment » que vous en avez le temps. Pendiment est une sorte de fréquentatif de pendant » *Glossaire du Morvan*.

bre 1790 et les bans avaient été régulièrement publiés, puis Martin avait gardé le silence... Etait-il prudent ?

Quoi qu'il en soit, Martin demandait des dommages-intérêts à Anne Picard. Celle-ci, sous le bénéfice de ses offres consistant en 12 livres pour partie des frais du contrat, 9 livres pour les voyages au contrat et à la rédaction des bans, offres auxquelles elle avait ajouté, au bureau de conciliation, 2 livres pour dragées achetées, fut autorisée à assigner extraordinairement, au tribunal du district d'Arnay, Martin père et fils pour se voir débouter de leur opposition et s'entendre condamner à 200 livres de dommages et intérêts, en raison du retard par eux apporté à son mariage, avec tous les frais et dépens, même ceux de citation au bureau de conciliation.

Afin de conserver à ce fait un peu de sa couleur locale, donnons pour un instant la parole à Anne Picard :

« L'indifférence et même les propos qu'ils (Martin père et fils) ont tenu sur le compte de l'exposante et de sa famille luy ont laissé entrevoir que si elle s'unissoit avec Jean Martin fils elle ne pourroit qu'être malheureuse, puisqu'ils prenoient la licence, avant le mariage, de faire des menaces jusqu'à son tuteur, ce qui luy a bien fait connoître que ce n'étoit pas elle que Jean Martin fils recherchoit, mais le peu de fortune que son père luy a laissée. »

Puis, un peu plus loin, Anne ajoutait :

« Si Jean Martin fils n'est pas marié, c'est de sa faute. Si après la publication des bans, il fut venu pour convenir avec l'exposante du jour de la célébration du mariage, elle ignoroit de tous les propos qui ont été tenus, elle auroit parachevé l'ouvrage par elle commencé, mais leur indifférence luy a fait penser qu'il ne vouloit plus l'épouser (1). »

LE CONTRAT

Par ce contrat, passé en présence des témoins qui furent :

POUR PIERRE

François Bourgeois, laboureur à Mimeure, son beau-frère ; Jean Bourgeois, laboureur à Mimeure, son allié ; Louis-Claude-Henri-Alexandre Theveneau, administrateur du Directoire du District d'Arnay, son ami.

POUR ANNE

Jean Pacaud, laboureur à Blangey, son beau-frère ; Joseph Picard, laboureur à Blangey, son cousin germain.

René Parthiot et Anne Boisseau instituaient pour héritiers « le futur, leur fils, et son frère Jean, leur autre fils, » à charge de remettre à « Françoise Parthiot leur sœur, » une somme de 200 livres, qui, ajoutée à sa constitution dotale, reçue Coqueugniot (2), notaire à Arnay, en janvier 1788, aurait formé son apanage.

Dans le cas où, de leur vivant, les père et mère Parthiot eussent versé à leur fille ladite somme de 200 livres, leurs fils en demeuraient déchargés.

Cette façon de procéder était alors assez commune et Françoise en fut contente, dit l'acte. Toutefois, il y a

---

(1) Requête aux Juges du tribunal du District d'Arnay-sur-Arroux. (Arch. P. C.)

(2) Cette famille est représentée à Dijon par Me Coqueugniot, avocat à la Cour d'appel, qui est l'arrière-petit-fils du tabellion arnétois.

M. Coqueugniot vient de mourir prématurément. Nous regrettons de ne pouvoir parler plus longuement de cet homme sympathique dont les conseils sages et désintéressés ont empêché bien des procès.

lieu de faire observer que la situation pécuniaire des père et mère Parthiot n'était pas ce qu'elle devint plus tard.

La corbeille fut estimée 72 livres et la future reçut un douaire.

Ce curieux contrat, dont une copie est conservée aux archives de Parthiot-Cortot, règle les droits des conjoints et mériterait à plus d'un titre d'être reproduit intégralement, mais la place faisant défaut nous ne citerons que la dernière clause :

« Demeure convenu qu'après la bénédiction nuptiale les futurs se retireront au domicile desdits père et mère Parthiot, où ils seront reçus, nourris et entretenus eux et les enfants qui naîtront dudit futur mariage, vivront et travailleront ensemble au profit de la maison desdits père et mère Parthiot, et dans le cas où les parties jugeront à propos de se séparer lesdits père et mère Parthiot promettent et s'obligent sous cause solidaire payer audit futur en avancement d'hoirie, dans le courant de l'année de leur sortie, une somme de mille livres, soit en argent, soit en marchandises, au choix desdits père et mère Parthiot. »

Le jeune ménage ne se sépara point des parents et ceux-ci n'eurent par conséquent pas à payer les mille livres précitées. Néanmoins, Pierre, qui, ainsi que sa famille, vivait sous le toit paternel, convertissait en immeubles le produit des apports de sa femme. Aussi, bien que sa part dans la succession patrimoniale fût pour ainsi dire égale à celles de ses frère et sœur, il se trouvait déjà en possession d'un train de culture relativement important, qui ne fit qu'accroître sous sa bonne administration.

LES ENFANTS DE PIERRE

1° PIERRETTE. — Née à Arnay-sur-Arroux, le 10 octobre 1793 ; mariée, le 4 février 1823, à Pierre Rateau, cultivateur à Jouey ; morte le 18 avril 1865.

2° ÉTIENNE. — Né à Arnay-sur-Arroux, le 10 nivôse an IV (31 décembre 1795) ; marié à Joséphine Picard (1), le 24 avril 1826 ; mort le 15 février 1835.

3° JEAN. — Né le 11 brumaire an VI (1er novembre 1797), mort le 27 pluviôse an XI (16 février 1803).

4° PIERRETTE. — Née le 20 prairial an VIII (9 juin 1800), morte le 6 vendémiaire an X (28 septembre 1801).

5° PIERRE. — Né le 26 messidor an X (15 juillet 1802), mort le 3e jour complémentaire an XII (20 septembre 1804).

6° PIERRE. — Né le 8 juillet 1806, mort le 14 mars 1819.

Pierre eut encore à déplorer la mort de sa compagne enlevée à son affection, le 26 janvier 1830, à l'âge de 63 ans.

Les afflictions, on le voit, ne furent pas épargnées à cet infortuné, qui, malgré ses chagrins domestiques, n'en conserva pas moins, jusqu'à ses derniers moments, toutes ses facultés intellectuelles et morales.

---

(1) Joséphine n'avait pas d'acte de naissance. Par celui de notoriété publique, délivré le 23 février 1826 et homologué le 10 mars de la même année, on lui octroya 30 printemps.

III

ÉTIENNE[s] ET LES DERNIÈRES ANNÉES DE PIERRE

Bien qu'il n'eût pas hérité de la force physique de son père, Etienne n'avait pas, à proprement parler, une mauvaise santé et il pouvait espérer de parvenir, comme ses ascendants, à un âge avancé, lorsqu'il fut soudainement emporté par une pneumonie causée par un refroidissement.

La fin prématurée de ce chef de famille fut désastreuse pour ses hoirs dont l'aîné n'avait pas 8 ans.

Etienne avait fait un mariage d'inclination. Sa femme, fille d'un percepteur de Viévy, avait reçu une éducation toute différente de cellle qu'il eût fallu à une veuve de cultivateur et elle était de ce fait, quoique excellente mère, complètement incapable de diriger une exploitation agricole. Aussi Pierre se substitua-t-il immédiatement à son fils et la famille retrouvait ainsi un chef non moins dévoué que celui qu'elle pleurait. Mais, n'oublions pas que Pierre était déjà plus que septuagénaire et que, malgré sa vive intelligence, il ne pouvait suppléer un homme de 39 ans ; du reste, malheureusement pour les orphelins, ce protecteur mourait à son tour, le 30 mai 1840, laissant cette fois sans appui la jeune famille éplorée.

LES DISPOSITIONS TESTAMENTAIRES DE PIERRE

Désirant éviter après lui toute difficulté entre sa fille

et les cinq enfants mineurs de son fils, Pierre avait, à la date du 19 avril 1839, pris des dispositions testamentaires où l'esprit d'ordre et de justice perce à chaque ligne :

En dehors de ses meubles et de 400 francs de bétail, qu'il léguait par préciput à son petit-fils et filleul, devenu plus tard Parthiot-Cortot, Pierre, par cet acte, que nous n'hésiterions pas à rapporter in extenso si le cadre de cet opuscule le permettait, divisait son avoir en deux parties bien déterminées, qu'il présumait être de la même valeur et qui devaient aller, à sa mort, l'une à Pierrette et l'autre aux enfants d'Etienne.

LES ENFANTS D'ÉTIENNE

1° ANNE. — Née le 16 mai 1827, morte le 23 juillet 1889. Mariée à Paris, le 4 novembre 1856, elle y perdit successivement, peu d'années après son mariage, son mari, Edouard Lefebvre, et ses trois enfants.

2° FRANÇOISE. — Née le 19 décembre 1828, morte le 12 février 1849.

3° PIERRETTE. — Née le 5 mars 1831 ; mariée, le 28 novembre 1855, à Dominique Cortot (décédé à Lantenay (Côte-d'Or), le 10 septembre 1878).

4° PIERRE. — Né le 14 août 1832, marié à Honorine Cortot, le 28 novembre 1855.

5° MARIE-ANNE. — Née le 1er août 1834, morte le 14 mars 1891. Elle eut de son mariage, du 14 janvier 1857, avec Julien Chardenot (décédé à Blangey, le 27 mars 1870), un fils qui habite Paris (1).

---

(1) Cette famille Chardenot a joué sous l'ancien Régime un rôle important à Blangey et dans la paroisse de Jouey.

Dominique Chardenot, grâce à une élocution facile et à des connaissances générales peu communes chez un paysan, conquit, sans ins-

IV

PIERRE[9]

A la disparition d'Etienne, la descendance mâle de la branche aînée n'était représentée que par Pierre, enfant malingre de deux ans et demi. Aussi, ce jeune rejeton, qui était loin de promettre ce qu'il a tenu, fut-il l'objet de la constante sollicitude de son grand'père et parrain qui l'aurait désiré plus vigoureux. Mais, quoique d'une frêle constitution, le jeune Pierre n'en pensa pas moins de bonne heure au mariage. Après de longs préliminaires, il s'unit à Pierrette-Honorine Cortot et travailla rapidement à la conservation du nom.

De cette fructueuse union est sortie la lignée suivante :

Jules-Pierre-Etienne, 22 janvier 1856 ;

Léon-Pierre-Joseph, 29 octobre 1858 ;

Augustine-Anne-Julie, 21 mai 1861 ;

Alphonse-Claude-Albert, 29 novembre 1864 ;

Pierre-Célestin-Frédéric, 10 février 1867 ;

Benjamin-Auguste-Alphonse, 2 août 1870.

---

cription et sans stage, le grade d'avocat de Blangey. Il fut même, au pouvoir ou dans l'opposition, un homme militant avec lequel ses adversaires eurent à compter et la lutte acharnée qu'il soutint contre le curé Foisset, au sujet de la nomination d'un recteur d'école, nous fournira matière à un chapitre dans l'histoire de la paroisse de Jouey.

Ajoutons que la charge, *aussi lucrative qu'honorifique*, d'avocat de Blangey, après avoir été héréditaire dans cette famille, est devenue vacante à la mort de Pierre Chardenot, frère de Julien, et petit-fils ou arrière-petit-fils de Mᵉ Dominique.

L'aîné s'est marié à Dijon, le 17 juillet 1880, à Louise Lacaille, dont il a :

Louis-Jules, né à Dijon le 6 mai 1887.

BRANCHE CADETTE

V

JEAN[7]

Cette branche vivace porte de nombreux rameaux ; mais n'anticipons pas.

Le 22 pluviôse an XIII (11 février 1805), six mois après le décès de ses père et mère, Jean (1) épousait Jeanne Bel de Blangey.

Jean, que nous avons fait connaitre simultanément avec Pierre (page 46), cumula durant de longues années la profession de ses pères avec celle de meunier.

LES ENFANTS DE JEAN

1° Pierre. — Né le 11 frimaire an XIV (2 décembre 1805) ; marié, le 8 mars 1831, à Françoise Picard ; mort le 1er juin 1883.

---

(1) Nous avons vu que Pierre, chef de la branche ainée, avait été gratifié du sobriquet de Pendiment, Jean, chef de la branche cadette, reçut le surnom de Blaise qui, à Alligny, est synonyme de bon enfant.

2° Jeanne. — Née le 16 février 1807; mariée, le 15 juin 1831, à Jean Rateau, cultivateur à Jouey.

3° Pierrette. — Née le 23 octobre 1808 ; mariée, le 18 octobre 1831, à Théodule Picard, cultivateur à Blangey; morte le 10 juin 1886.

4° Jean. — Né le 15 octobre 1810, mort le 25 février 1816.

5° Claude. — Né le 6 octobre 1812, marié à Paris, où il s'était retiré, après avoir dissipé son patrimoine, et où il est mort en 1881.

6° Léger. — Né le 25 janvier 1814, mort le 21 mai 1817.

7° Anne. — Née le 30 décembre 1814, morte le 6 janvier 1815.

8° Antoine. — Né le 9 octobre 1815, mort le lendemain.

9° Marie-Pierrette. — Née le 12 septembre 1816 ; morte le 24 décembre 1890, à Nuits-Saint-Georges, où elle avait épousé, en juin 1847, Claude Grivot, entrepreneur de maçonnerie, lequel est mort le 14 juillet 1895 en laissant deux enfants, Symphorien et Marie (1).

10° Marie-Anne. — Née le 29 novembre 1807, morte le 6 novembre 1819.

11° Etienne. — Né le 14 novembre 1819, mort avant d'avoir atteint l'âge d'homme et dont l'acte de décès nous a échappé.

12° Jean. — Né le 19 janvier 1820, mort le 29 juillet 1831.

---

(1) Le premier, qui a épousé Anna Pitois, dont la famille est originaire de Moux (Voir note 1, page 76), a repris la suite des affaires de son père en y ajoutant l'exploitation de carrières de forest-marble, vulgairement appelé Comblanchien, nom du village qui le fournit. Symphorien a deux enfants, un fils et une fille. Quant à Marie, elle est hospitalière à Seurre.

13° François. — Né le 2 avril 1821, mort à Arnay-le-Duc, le 14 février 1848.

14° Etienne. — Né le 24 décembre 1823, mort le 13 octobre 1840.

15° Pierrette. — Né le 13 février 1825, morte le surlendemain.

Jeanne Bel, dont la santé était altérée par les grossesses, ne survécut que vingt-huit jours à son dernier accouchement. Elle n'avait que 44 ans. Jean mourut le 8 janvier 1846.

VI

PIERRE[8]

En épousant Françoise Picard, Pierre devenait le beau-frère de son cousin Etienne. Ce nouveau trait d'union, qui aurait dû resserrer les liens de l'amitié, produisit exactement l'effet contraire. Voici comment :

Un frère ainé des sœurs Picard, veuf sans enfant, retiré à Blangey, où, pour le distinguer de ses homonymes, on l'appelait Picard le monsieur ! (bien qu'il ne possédât que quelques milliers de francs), testa le 25 mars 1859 en faveur de Françoise.

Les enfants de Joséphine, dès qu'ils eurent pris connaissance du testament, cessèrent toute relation avec leur tante qu'ils accusaient, à tort ou à raison, d'en être l'instigatrice. Mais le temps a fini par avoir raison de cette mésintelligence engendrée par l'intérêt, et Françoise est trépassée, le 22 mars 1872, réconciliée avec ses neveu et nièces (1).

Aujourd'hui, les deux branches vivent dans un parfait accord qui, si nos vœux sont exaucés, ne prendra fin qu'avec les branches elles-mêmes.

LES ENFANTS DE PIERRE

Claude. — Né le 21 novembre 1831, marié, le 13 novembre 1855, à Henriette Bévier.

Antoine. — Né le 18 juillet 1834 ; marié à Censerey, le 15 février 1861, à Charlotte Prost

Etienne. — Né le 11 avril 1837 ; marié à Saint-Didier, près Saulieu, le 23 septembre 1861, à Antoinette Boisseau ; mort le 20 octobre 1894.

François. — Né le 5 juin 1838, mort le 3 septembre de la même année.

Joseph. — Né le 10 août 1839, mort le 25 janvier 1840.

Françoise. — Née le 29 septembre 1840, morte le 24 janvier 1849.

Etienne-Alexandre. — Né le 6 juillet 1849 ; marié, le 24 mars 1873, à Julie Poillot.

VII

CLAUDE[9]

Après son mariage, Claude se fixa à Pôchey (commune de Jouey), où il a eu :

---

(1) Joséphine et son frère étaient morts, la première le 16 avril 1859 et le second le 13 mars 1861.

Marguerite-Stéphanie. — Née le 9 août 1856 ; mariée, le 17 octobre 1882, à Charles Pognon, bijoutier à Paris.

Antoine. — Né le 13 janvier 1861 ; marié à Paris, le 25 janvier 1890, à Marie Dunand ; mort à Paris, le 18 mai 1897.

Stéphanie-Valérie. — Née le 4 octobre 1867.

Anne. — Née le 11 octobre 1873 ; mariée, le 29 août 1893, à Léon Bullier, instituteur à Bard-le-Régulier.

Louis-Ernest. — Né le 8 juillet 1878, mort le 16 janvier 1881.

VIII

ANTOINE[9]

Antoine, qui réside actuellement à La Guette (commune de Liernais), a habité successivement Pôchey (commune de Jouey), Chelsey (commune de Censerey) et Montot (commune de Brazey-en-Morvan).

Il a eu :

A POCHEY

Etienne-Alexandre. — Né le 8 mars 1862 ; marié à Blanot, le 23 octobre 1894, à Antoinette Fichot.

A CHELSEY

Henriette. — Née le 27 février 1864, morte le 27 mars suivant.

Pierre-Gabriel. — Né le 19 novembre 1867.

JACQUES. — Né le 23 avril 1870.

REINE-EMILIE-JOSÉPHINE. — Née le 7 juillet 1874 ; mariée à Brazey-en-Morvan, le 11 février 1892, à Jean Ancelin, cultivateur.

JOSEPH. — Né le 21 avril 1872, mort le 21 décembre 1874.

IX

ETIENNE[9]

Par sa modestie, sa serviabilité et la douceur de son caractère, Etienne s'était concilié les cœurs. Il est mort dans la maison paternelle qui lui échut en partage. Nous ignorons si sa veuve descend en ligne collatérale de la famille d'Anne Boisseau, femme de René, son arrière-grand-père. Quoi qu'il en soit, Antoinette a donné le jour à sept enfants qui sont :

CLAUDE. — Né le 26 juin 1863 ; marié à Paris, le , à Angéline Labarde, dont il a trois enfants.

MARIE-ANTOINETTE. — Née le 10 mars 1866 ; mariée, le 8 décembre 1886, à Claude Pompon, maréchal-ferrant à Arnay-le-Duc, son cousin germain.

PIERRE-ETIENNE. — Né le 24 juillet 1869 ; marié à Chailly (Côte-d'Or), le 20 avril 1895, à Eugénie Dussert, dont il a un enfant.

JEAN-LOUIS. — Né le 15 juillet 1871.

AUGUSTE. — Né le 12 juillet 1875.

Marie-Virginie. — Née le 29 novembre 1877.

Emile. — Né le 5 janvier 1883.

X

ETIENNE-ALEXANDRE[9]

Etienne-Alexandre, vulgairement appelé Cadet, n'a eu que trois enfants :

Marie-Hortense. — Née le 24 novembre 1874 ; mariée, le 9 juin 1896, à Etienne Tainturier, cultivateur à Créancey.

Clément-Edmond. — Né le 12 novembre 1876.

Albert-Jules. — Né le 17 mars 1881, mort le 22 février 1882.

Cadet a quelque chose de commun avec son grand-père : lui aussi il cumule, non pas agriculture et meunerie, mais la première profession avec des fonctions publiques, qui n'en sont pas moins remplies à la satisfaction générale (1).

APPENDICE

Le village de Blangey étant devenu, par la fidélité des descendants de René Ier, le berceau de bon nombre de

(1) Cadet est le possesseur de l'emplacement de l'ancien château féodal de Blangey et le toit qui l'abrite est élevé sur une partie des fossés où les malheureux serfs du lieu étaient astreints à aller battre l'eau ou exécuter d'autres corvées aussi ridicules, selon le bon plaisir de leurs seigneurs et maîtres.

Parthiot, nous avons dans cette partie, afin d'éviter les répétitions, omis à dessein d'indiquer le lieu des naissances, mariages et décès. Il n'est fait exception à la règle que si l'acte ne se trouve pas à Jouey.

C'est, faut-il l'ajouter, sans la moindre prétention à la particule, qui contrasterait d'ailleurs d'une façon singulièrement choquante avec le titre de la brochure, que nous avons accolé au nom une dénomination supplémentaire empruntée à la petite patrie. Nous avons même la conviction intime que jamais, quoi qu'il arrive, un Parthiot n'aura le désir d'abandonner son nom plébéien pour cacher son origine sous un de ces noms d'emprunt si chers à certains partisans des régimes déchus.

Nous étions, en écrivant ces lignes, encore imbus du préjugé, fort répandu d'ailleurs, que les noms dans la composition desquels entre une désignation de lieu précédée de la particule constituent toujours une preuve de noblesse en faveur de ceux qui les portent. Or nous avons depuis acquis la certitude que rien n'est plus faux.

« Il serait facile, dit M. Giry, professeur à l'École des Chartes, dans un livre fort instructif, où la question est traitée amplement et de main de maître, de montrer que depuis l'origine et dans toutes les régions de la France, les roturiers n'ont pas cessé de porter des noms ainsi composés. » (*Manuel de Diplomatique*, p. 362).

« Les noms de lieu, ajoute M. Giry, qui ont servi à composer des noms de personne ont donc été des noms de pays d'origine aussi souvent que des noms de fiefs ; en l'absence d'autres indices il est imposible de tirer aucune induction sur la condition sociale de ceux qui en sont revêtus. »

Ceci, bien entendu, n'infirme que le contraste et ne

modifie nullement notre pensée pour le reste ; nous persistons à croire que les descendants de René Ier ne seront jamais tentés d'altérer un nom qui durant quatre siècles et plus a été honorablement porté.

LES

PARTHIOT DE THURY

I

RENÉ II[6]

Peu de temps après le décès de Dominique, sa veuve, Claudine Bourgeois, dut quitter Cordesse, car elle n'est portée au rôle des tailles de cette localité que pour l'année 1775.

Que devint René, qui avait alors une dizaine d'années ?

En 1788, il assiste au contrat de mariage de sa nièce Françoise (il habitait Chasson, commune de Magnien) et en 1792, il se trouve également au mariage de sa sœur Anne, qui eut pour témoin « René Parthiot, son frère germain et son tuteur, demeurant à Vellerot, commune de Saint-Pierre-en-Vaux. »

L'an VI de la République Française, le 11 floréal (30 avril 1798), à 8 heures du matin, par devant Jean Bélorgey, agent municipal de Thury, René Parthiot et Françoise Bobin contractent mariage en présence de témoins parmi lesquels « René Parthiot de Blangey. »

Les jeunes époux habitent quelque temps Vellerot, puis reviennent à Thury, où Françoise mourut le 19 janvier 1814.

Le veuvage de René ne fut pas de longue durée : le 13 avril suivant, il convolait en secondes noces à Thury, qu'il continua d'habiter jusqu'à sa mort.

LES ENFANTS DE RENÉ

Premier lit

SÉBASTIEN. — Né à Saint-Pierre-en-Vaux, le 20 fructidor an VII (6 septembre 1799) ; marié à Saisy, le 28 avril 1830, à Pierrette Blondeau ; mort le 6 mars 1870.

MARIE. — Née le 17 ventôse an XI, décédée le 8 brumaire an XIII.

JACQUES. — Né le 23 avril 1806, décédé le 6 octobre 1810.

Deuxième lit

PIERRETTE. — Née le 1er janvier 1816 (mariée à Hilaire Moreau, cultivateur à Thury), morte le 3 août 1885.

RENÉ. — Né le 29 août 1818 ; marié, le 28 avril 1851, à Étiennette Charrault ; décédé le 11 janvier 1880.

GASPARD. — Né le 2 mars 1822 ; marié à Molinot, le 9 juin 1846, à Jeanne Drouhin.

PREMIÈRE BRANCHE

II

SÉBASTIEN[7]

Sébastien s'est, avons-nous dit, marié à Saisy ou plutôt à Changey, hameau de cette commune. C'est là que s'est écoulée la plus grande partie de sa vie, 41 années sur 71, et qu'il est devenu le chef de la branche aînée des Parthiot de Thury, branche que nous aurions pu appeler « de Changey ». Mais pour ne pas trop subdiviser nous groupons ici toute la descendance de René II, bien qu'elle se compose de trois branches dont deux ne sont plus représentées à Thury.

LES ENFANTS DE SÉBASTIEN

PIERRE. — Né à Changey, le 3 mai 1834, marié à Thury, le 4 juin 1861, à Jeanne Mazot.

VIVANT. — Né à Changey, en 1841, mort en 1848.

III

PIERRE[8]

Pierre n'a cessé d'habiter Changey, où il est cultivateur, que pendant cinq ou six années passées à Sivry, hameau de Saisy. Aussi l'état civil de cette commune renferme-t-il les actes de naissance de ses quatre enfants qui sont :

ANNETTE, née le 14 mars 1862 et mariée, en décembre 1881, à Nicolas Rey, vigneron à Nolay.

MARIE, née le 9 avril 1864 et mariée, en septembre 1890, à François Rey, marchand de vin à Paris.

PIERRE, né le 6 avril 1866.

LOUISE, née le 4 août 1871 et mariée, en septembre 1889, à Jean-Marie Theurlot, ouvrier aux usines du Creusot.

DEUXIÈME BRANCHE

IV

RENÉ[7]

René n'a jamais quitté Thury : aussi sa biographie n'offrirait-elle rien de particulier ; elle peut d'ailleurs être résumée en deux mots : Labeur, Probité. Cependant, il est un fait que nous ne pouvons passer sous silence à cause de son importance en matière d'état civil.

René a porté et a transmis à sa descendance un nom qui n'était pas le sien. Par suite d'une erreur de scribe, la première syllabe PAR s'est transformée en PER dans tous les actes modernes de Thury (1).

---

(1) Ces erreurs, dues à une mauvaise prononciation et très fréquentes au temps où peu de Français savaient écrire leur nom, deviennent de plus en plus rares, grâce aux soins apportés à l'établissement des actes civils.

René n'eut que Gaspard, qui suit :

V

GASPARD[8]

Bien qu'il porte le nom de Perthiot, Gaspard n'a pas pour cela rompu ses relations de parenté avec son oncle Gaspard, dont nous parlons au chapitre suivant, ni avec son cousin Pierre, dont nous nous sommes entretenus au chapitre III.

Né à Thury, le 26 janvier 1852, Gaspard a épousé au même lieu, le 21 novembre 1876, Claudine Viennot dont il a eu :

MATHILDE (21 mars 1877) ;
MARIE (12 mai 1879) ;
HENRIETTE (26 juillet 1883, morte le 2 octobre 1896) ;
JEAN-MARIE (27 mai 1889) ;
ALPHONSE (19 novembre 1893).

TROISIÈME BRANCHE

VI

GASPARD[7]

Gaspard et sa femme, qui portent allègrement à eux deux plus d'un siècle et demi et comptaient 50 ans de vie commune au 9 juin 1896, ont eu trois enfants morts en bas âge et René, qui suit :

VII

RENÉ[8]

Né le 27 juin 1849, René a épousé, le 14 septembre 1875, Rose-Marguerite Alexandre, de Veuvey-sur Ouche, dont il a :

Léon, né le 8 juin 1876.

LES

DERNIERS PARTHIOT DE MOUX

PIERRE I ET PIERRE II

La filiation des derniers Parthiot de Moux remonte à Pierre I, « marchand à la Charité » (hameau de la paroisse de Moux), qui avait épousé Pierrette Thibaut dont il eut :

PIERRE II, le 23 mars 1754. Celui-ci épousa Marguerite Ligeron de Cussy-en-Morvan et eut :

1° **JEAN**, le 10 juillet 1783,

2° PIERRE III, le 13 décembre 1787,

3° ETIENNE, le 13 octobre 1793,

qui devinrent chefs des trois branches dont nous allons nous occuper.

PREMIÈRE BRANCHE

JEAN

Jean, fils aîné de Pierre II, épousa en premières noces, le 18 novembre 1806, Anne Thibaut, dont il eut Pierre, qui suit, et en secondes noces Françoise Collard, qui lui donna : 1° Marguerite, mariée à Charles Gadrey, 2° Jeanne, mariée à Perruchot.

PIERRE

Pierre a eu de Jacquette Baudin, qu'il avait épousée à Moux, le 12 janvier 1836 :

1° Jean, qui suit,

2° Louise-Pierrette, mariée à Pierre Girard.

JEAN

Jean a épousé Marie Perruchot, dont il a Henri.

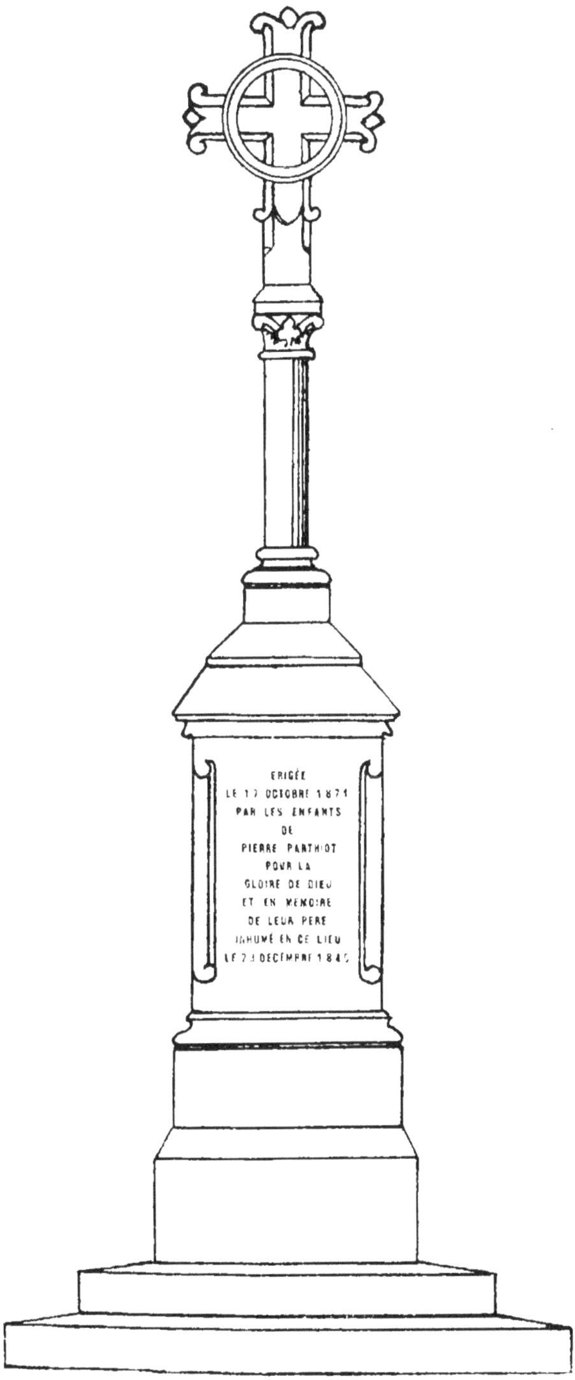
ERIGÉE
LE 17 OCTOBRE 1871
PAR LES ENFANTS
DE
PIERRE PARTHIOT
POUR LA
GLOIRE DE DIEU
ET EN MEMOIRE
DE LEUR PERE
INHUMÉ EN CE LIEU
LE 23 DECEMBRE 184

DEUXIÈME BRANCHE

PIERRE III

Pierre n° 3, qui repose sous la croix (1), élevée, comme nous l'avons dit page 22, sur la place principale de Moux, mourut le 22 décembre 1840 d'une dysenterie épidémique. Il jouissait de l'estime publique et sa sincérité était proverbiale à Moux : certains de ses compatriotes, en rapportant un fait invraisemblable, ne manquaient jamais d'ajouter : « Vous pouvez le croire comme si c'était Pierre Parthiot qui vous le dise. »

Pierre eut de son mariage, avec Jeanne Julien, célébré à Moux le 1er mars 1813 :

1° Louis (22 juin 1814), marié en premières noces à Rose Démoulin et en secondes noces à Pauline Trinquet, mort sans postérité à Corancy (Nièvre), le 7 mai 1880.

2° Claudine (22 octobre 1818), mariée à Jean Cortet, d'Alligny, dont elle a deux fils, Claude et Louis.

3° Andoche (7 juillet 1821), célibataire, architecte honoraire de la ville de Château-Chinon, qui a été notre plus précieux collaborateur.

Dans sa longue carrière, Andoche a construit plusieurs édifices religieux, dont le dernier, et le plus

---

(1) Le lieu de l'inhumation est l'emplacement même de la croix. Cet emplacement faisait jadis partie du cimetière qui entourait l'église et a servi aux inhumations jusqu'en 1857. A cette date fut ouvert le cimetière actuel, qui est au sud-est de Moux.

important, est l'église de Château-Chinon, terminée en 1895.

4° CLAUDE-MARIE (25 octobre 1827), marié à Augustine Lequeux, décédé à Saulieu, le 15 mars 1886, en laissant : 1° Victorine, mariée à Léon Héliot ; 2° Louis, qui a cinq enfants de son mariage avec Marie Boisseau, morte le 27 novembre 1897.

TROISIÈME BRANCHE

ETIENNE

Etienne, chef de la troisième branche, épousa, le 1er mars 1813, Claudine Pitois (1), qui lui donna :

1° JEAN, qui suit ;

2° CHARLES, marié à Louise Pitois ;

3° JEANNE, mariée à Michel Naulot ;

4° DOMINIQUE, mariée à Joseph Pitois (2) ;

5° LOUISE, mariée à Joseph Pitois (frère de Louise Pitois, femme de Charles) ;

---

(1) La famille Pitois est l'une des plus anciennes de la commune de Moux. Elle y compte plusieurs siècles d'existence ininterrompue attestés par les rôles de feux et d'impositions dont le premier est de 1475 et contient « Jehan Pitois », demeurant à Goix (hameau de la paroisse de Moux), où apparaissent un peu plus tard « Martin et Philibert Pitoys » (Arch. de la C. d'Or, B. 11,510-11,511 et C. 6,286)

Cette famille était également représentée en 1475 à Pensière (hameau d'Alligny) par « Humbert et Perrin Pitois. »

(2) Les alliances entre les familles Pitois et Parthiot ont été nombreuses : Léger Pitois, grand-père de Joseph, épousait, le 18 janvier 1787, Jeanne Parthiot et les conjoints étaient déjà unis par des liens de parenté. (Communication de M. Etienne Pitois, fils de Joseph et frère de M. Félix Pitois, maire de Moux, dont nous avons parlé page 3.)

6° CLAUDINE, mariée à François Pitois ;

7° JEANNE-VICTORINE, mariée à Lazare Perruchot ;

8° MARGUERITE, mariée en premières noces à André Guyot et en secondes noces à Chatelain ;

9° JEANNE-MARIE, mariée à Eugène Cordier.

JEAN

Jean, l'aîné des enfants d'Etienne, épousa Jeanne Machin, de la Pierre-Ecrite (commune d'Alligny), où il se fixa. De ce mariage sont nes :

1° ETIENNE, qui suit ;

2° JACQUES-EMILE, mort sans postérité, au 6e régiment de cuirassiers, à Béziers, le 8 décembre 1870 ;

3° IRMA, mariée, le 8 juin 1880, à Auguste Girard, dont elle a trois enfants.

Irma habite la maison paternelle qui n'est autre que l'ancienne hôtellerie où fut tué, le 31 mars 1808, par Jean Machin, son grand-père, le loup noir qui avait, pendant quelques jours, porté la mort et l'effroi dans le canton de Saulieu (1).

ETIENNE

Etienne, qui est propriétaire à Ruère (commune d'Al-

---

(1) L'acte de courage de Jean Machin a été publié, en octobre 1897, sous le titre de « Contribution à l'Histoire de Pierre-Ecrite », par la *Revue du Nivernais*, recueil mensuel, littéraire, scientifique et archéologique, paraissant à Beaumont-la-Ferrière (Nièvre).

ligny), s'est marié, le 28 mars 1874, à Reine Colnot, dont il a :

MARIE, née le 3 octobre 1876, mariée, le 16 novembre 1897, à Henri Chaudron, cultivateur à Chassey (Côte-d'Or).

LES

PARTHIOT DE SAUVIGNY

PIERRE

Les Parthiot de Sauvigny, hameau de la commune de Marigny-sur-Yonne (1), ont pour premier auteur connu Pierre qui habitait Champ-Gazon, paroisse de Montsauche, et avait épousé Jeanne Milot dont il eut 5 enfants :

1° PHILIPPE, qui suit ;

2° NICOLAS, marié le 8 février 1779, à Anne Driet de Sauvigny ;

3° JEANNE, mariée à Charles Guiton, le 15 novembre 1784 ;

4° ANNE, décédée à 18 ans, le 9 janvier 1776 ;

5° ANTOINETTE, mariée à Charles Boichot, antérieurement au 1er novembre 1781.

---

(1) Marigny-sur-Yonne et Chaumot, dont il sera question plus loin, sont deux communes de la circonscription cantonale de Corbigny (Nièvre).

A la mort de Pierre, ses orphelins furent recueillis par un prêtre, dont nous ne pouvons guère nous dispenser de dire quelques mots.

Guillaume Dubled-Duboulois (ce prêtre s'appelait ainsi), « Conseiller du Roi au bailliage du Nivernois et siège présidial de Saint-Pierre-le-Moûtier », prit en 1766 possession de la cure de Chaumot, paroisse qui lui était dévolue et qu'il allait desservir jusqu'au 1er février 1792, date à laquelle il fut nommé Administrateur du District de Corbigny (1). Ce Curé-Conseiller du Roi était doublé d'un virtuose qui, chose peu commune, ne dédaignait pas, le dimanche, après la célébration des offices, de remplir les fonctions de ménétrier ; aussi jouissait-il d'une très grande popularité dans la région où il a laissé le souvenir d'un pasteur idéal et d'un homme de bien.

Pourquoi les enfants de Pierre, qui pouvaient avoir de 10 à 22 ans lorsqu'ils furent conduits à Chaumot, avaient-ils été recueillis par Me Dubled ? Existait-il entre eux et ce dernier des liens de parenté ? On serait presque tenté de le croire. Cependant rien jusqu'à présent n'est venu témoigner en faveur de cette opinion. Mais, quoi qu'il en soit, ils furent tous domestiques de leur protecteur, du moins c'est ainsi qu'ils sont qualifiés, Anne à son décès, les autres à leur mariage.

---

(1) Au départ de Me Dubled, la paroisse de Chaumot, qui avait été longtemps, grâce à des mines de plomb argentifère, l'une des plus riches de la région, fut supprimée et rattachée à celle de Pazy. Alors, les habitants de Chaumot, jugeant inutile de conserver une église condamnée à rester veuve de desservant, la supprimèrent aussi. L'art y a-t-il perdu ? Quoi qu'il en soit, la démolition de cet édifice, où Me Dubled avait officié pendant 26 ans, disons-le à l'honneur des administrateurs de l'époque, ne fut décidée que pour éviter les frais d'entretien. Quant aux meubles, ils furent transportés à l'église de Pazy.

PHILIPPE

Philippe avait « environ 30 ans » lorsqu'il épousa, le 25 janvier 1774, après les publications de mariage, régulièrement « faites pendant trois dimanches ou fêtes consécutives au prône des messes paroissiales de Montsauche, de Chaumot et de Marigny-sur-Yonne », Marguerite Perreau de Sauvigny, fille de Jacques et de défunte Anne Molinot. Philippe se fixa à Sauvigny, où il mourut, le 10 avril 1782, « âgé d'environ 40 ans ». (Ce qui donne une différence de 2 ans avec les indications d'âge de l'acte de mariage). Il laissait deux enfants : Mary, qui suit, et Anne, qui mourut à 19 ans.

MARY

Né le 27 décembre 1780, Mary, après avoir fait une partie des campagnes de l'Empire, alla s'établir à Chitry-les-Mines (canton de Corbigny), où il mourut le 2 décembre 1851. Il y avait épousé, en 1813, Anne Judas, dont il eut 8 enfants :

1° Etienne, qui suit ;

2° Antoinette, décédée à 2 ans ;

3° Pierre, né le 12 juillet 1817, marié, vers 1842, à Marguerite Perreau. Pierre, qui est veuf et habite Corbigny, a eu une fille qui est morte en bas âge ;

4° Reine, décédée à 3 ans ;

5° Joséphine, décédée à 4 ans ;

6° Pierre, né le 24 août 1821, marié à Tours (Indreet-Loire), vers 1862, mort sans postérité, à Chitry, le 25 novembre 1893 ;

7° Marie, décédée à 11 ans ;

8° Anne, née le 29 novembre 1829, mariée, en 1851, à Jean Harand (mort sans postérité, le 25 juin 1897).

ETIENNE

Etienne, né le 8 septembre 1815 et décédé le 17 avril 1870, eut de son mariage, du 24 novembre 1847, avec Anne Gauthier (morte à 35 ans, après 9 années jour pour jour de mariage) :

1° Michel, qui suit, et à qui nous devons la matière de ce chapitre ;

2° Annette, décédée à 2 ans.

MICHEL

Né à Dornes (Nièvre), le 6 janvier 1852, Michel a épousé, à Rouen, le 8 janvier 1879, Marie Schmidt, native de Brunswick, dont il a eu deux enfants qui sont morts, le 1er, à Paris, en 1879, peu de temps après sa naissance, et le second, à Chitry, en 1884, avant d'avoir atteint sa deuxième année.

Michel n'espère pas avoir d'aûtre enfant, ce qui lui fait dire, dans la lettre dont nous reproduisons un passage page 97, que la descendance mâle de Philippe doit s'éteindre dans un avenir peu éloigné.

LES

PARTHIOT D'ISLAND

Island

Island, aujourd'hui simple hameau de la commune de Saint-Martin-de-la-Mer, fut jadis le siège d'une seigneurie assez importante (1). Plusieurs terriers de cette seigneurie, notamment ceux du XVIIe siècle, font mention de Parthiot habitant les paroisses de Moux, de Montsauche et d'Alligny (2). Toutefois, il n'apparait pas dans ces titres qu'il y ait eu à cette époque des Parthiot à Island. D'ailleurs ceux dont nous allons nous occuper sont originaires du Creuzot (commune de Gouloux), du moins le chef du nom, Emiland, qui suit, y était né.

---

(1) « Les dépendances de la baronnie d'Island étaient, outre ce hameau, Fétigny, en partie, Champcommeau, Bazolles, Ruère, La Chaux et Chassagne » (*Le Morvand*, t. III, p. 427).

(2) Arch. A. P.

EMILAND

Emiland, qui est mort le 10 mai 1832, avait épousé au Creuzot, son pays natal, Marie Chaumien dont il eut quatre enfants :

1° DOMINIQUE, qui suit ;

2° CLAUDINE, mariée à Pierre Dupuis de Lavault (commune de Saint-Martin-de-la-Mer) ;

3° JEANNE, mariée à Nicolas Bouché, du Creuzot, dont elle eut quatre enfants ;

4° JEAN, né le 15 juillet 1796, marié, le 22 janvier 1831, à Marie Naulin, décédé au Creuzot, le 20 mars 1889. Jean a laissé quatre enfants dont nous nous occuperons dans un instant.

DOMINIQUE

Dominique, qui est mort, le 1er mars 1856, à Island, où il s'était fixé après y avoir épousé, en 1811, Pierrette Beugnon, eut neuf enfants ; cinq de ceux-ci moururent en bas âge et un autre eut à 22 ans la fin tragique que nous rapportons telle qu'elle nous a été communiquée par un très honorable habitant de Saint-Martin-de-la-Mer à qui nous devons ce qui a trait aux Parthiot d'Island.

« Au cours de sa deuxième année de grand séminaire, pendant les grandes vacances, il s'en allait au soir chercher les vaches de la maison dans un pré où il y avait un étang. Pour tuer quelques canards ou autres oiseaux, il avait porté un fusil armé. Ayant aperçu les gendarmes, il se hâta de cacher son arme dans un buisson sur le bord de la chaussée de l'étang, en faisant descendre la crosse la première. Les gendarmes disparus, il reprend son fusil par le bout du canon. Mais la gâchette heurta une pierre ou une brindille qui fit partir la charge et tua le pauvre jeune homme. »

Des neuf enfants de Dominique, il ne restait que Jean, qui suit, et deux filles, Marie et Claudine, qui épousèrent successivement Noël Bonnard.

JEAN

Jean, qui a eu 81 ans le 18 novembre 1897, et qui « travaille comme à 20 ans », a épousé, le 1er mars 1848, Jeanne Boyre, dont il a Claude, qui suit, et Claudine, qui, à la mort de son mari, Julien Feuchot, est revenue, avec son enfant, habiter auprès de ses vieux parents.

CLAUDE

Claude, qui est né le 4 août 1853, s'est marié à Island, le 20 janvier 1879, à Annette Bonnard dont il a un fils, Jean, né le 30 juin 1881.

LES ENFANTS DE JEAN (1)

Jean, fils d'Emiland, nous l'avons dit, page 84, a laissé quatre enfants qui sont :

---

(1) Ce qui va suivre nous a été transmis, tout récemment, par Jean Parthiot, propriétaire au Creuzot, aîné des enfants de Jean.

1° JEAN, qui suit ;

2° REINE, née le 23 mai 1835, mariée, le 21 juin 1864, à Jean-Baptiste Naudin, propriétaire à l'Hâte-au-Sergent (commune de Saint-Brisson). De ce mariage sont nés : Marie, mariée à Jean Gautheron, et Dominique, marié à Eugénie Decloix.

3° DOMINIQUE (propriétaire au Creuzot), né le 27 mai 1838, marié, le 9 avril 1872, à Antoinette Charlot dont il a : Philippe, né le 10 janvier 1873 ; Pierre, né le 23 novembre 1874 ; Anne et Marie, nées le 5 août 1876 ; Alfred, né le 9 mars 1882 ; Lucie, née le 9 novembre 1884, André, né le 25 septembre 1888 ;

4° ETIENNE (déjà mentionné, page 23), né le 2 février 1841, marié, le 8 avril 1872, à Anne Chaumien, dont il a : Victorine, née le 12 janvier 1873, et Irma, née le 8 juillet 1882.

JEAN

Né le 1er mars 1833, Jean a épousé, le 21 juin 1864, Jeanne Naudin, dont il a deux enfants :

1° JEANNE, née le 9 avril 1866, mariée, le 7 novembre 1889, à Charles Vramont dont elle a : Eugène, Henri et Albert ;

2° JEAN-MARIE, né le 2 août 1868, marié en premières noces, le 6 juillet 1893, à Jeanne-Rose Grandvallat (décédée le 14 juillet 1896), et en secondes noces, le 11 mai 1897, à Marthe-Geneviève Henry.

Jean-Marie, qui habite Boursault (Marne), a eu, de son premier mariage, Yves-Gabriel, qui n'a vécu que quelques mois.

LES

PARTHIOT DE TACHELY

JEAN

La filiation des Parthiot de Tachely ne remonte qu'à Jean, qui habita d'abord cette localité puis, successivement, Montliffé et Cervon (1).

Il eut, de son mariage avec   Paupert, trois fils :

1° SÉBASTIEN, qui suit ;

2° PIERRE, né vers 1829, marié à Jeanne Bachelin dont il n'a pas d'enfant ;

3° FRANÇOIS, né à Montliffé, marié à Jeanne Marquereau, mort en 1895, à Choisy-le-Roi, laissant trois fils et trois filles.

---

(1) Tachely et Montliffé sont deux hameaux qui dépendent, le premier de la commune de Gâcogne et le second de celle de Cervon ; ces deux dernières font partie de la circonscription cantonale de Corbigny.

SÉBASTIEN

Né à Tachely en 1826, Sébastien suivit en 1835-1836 ses parents à Montliffé, où il mourut en 1893. Il avait épousé Jeanne Branchereau dont il eut deux enfants :

1° Étienne, qui suit ;

2° Jeanne, qui a épousé César Davault dont elle a six enfants.

ÉTIENNE

Etienne, qui nous a fourni ces renseignements (1), habite Montreuillon (l'une des 15 communes du canton de Château-Chinon). Il est né à Montliffé, le 6 mars 1855, et a épousé, à Montreuillon, le 7 février 1882, Marguerite Dussaule, dont il a deux enfants :

1° Félix, né le 5 janvier 1884 ;

2° Léonie, née le 25 février 1887.

(1) Ces renseignements nous sont parvenus par l'intermédiaire de M. Alfred Vittenet, licencié en droit, dont le concours nous avait été déjà bien utile en d'autres circonstances.

TROISIÈME PARTIE

I. Condition, Professions, Longévité, Conclusion.
II. Tables généalogiques et onomastique.

CONDITION

On sait que jusqu'à la mémorable nuit du 4 août, les paysans ou vilains étaient divisés en deux classes : francs et serfs. Mais ce que l'on sait peut-être moins c'est qu'ils étaient traités différemment d'une province à l'autre, quelquefois même d'une seigneurie à l'autre.

Quelle était en Bourgogne la condition des uns et des autres? telle est la question à laquelle va répondre un historien autorisé :

« *Condition des francs.* — Ce n'est pas que l'homme franc soit regardé comme indépendant, le vilain ne l'est jamais. Mais sa dépendance a des limites ; il sait la contribution qu'il paiera chaque année, et l'amende qu'on lèvera sur lui pour chaque espèce de contravention ; ce qu'il doit au seigneur et ce qu'il a droit de garder pour lui. »

« *Condition des serfs.* — Les serfs, au contraire, sont ceux qui n'ont à invoquer ni coutume ni abonnement et ne peuvent empêcher le seigneur de les mettre à contribution comme il l'entend. C'est même à ce signe qu'on les reconnait. «Se li homs paie à son seigneur deniers une fois plus une fois moins et il ne montre franchise, il est taillable (1). »

D'un côté, charges nettement définies ; de l'autre, taille à volonté.

C'est également sur quelques-uns des derniers que pesait le droit de formariage, d'immorale mémoire, droit qui est ainsi défini par M. Seignobos :

« Le serf de formariage ne peut « se marier hors de son seigneur sans licence. » S'il épouse une femme d'une autre seigneurie, il perd tout ce qu'il a, à moins qu'il ne « la mène gésir le premier soir dessous son seigneur(2). »

Si la femme était elle-même serve de formariage, elle perdait irrémédiablement tout :

« Mais par le contraire se la femme serve et de formariage sort de dessous son seigneur, soit qu'elle veigne gesir dessous son seigneur ou non, elle est formariée et désavouée taisiblement. Car si elle gist au lieu elle ne peut acquérir ; et si elle gist ailleurs l'homme l'acquiert. Pourquoi elle est formariée et perd tout ce qu'elle a (3). »

On conçoit, d'après ces courtes mais éloquentes citations, qui se passent de commentaires, combien la condition de l'homme franc était en somme préférable à celle du serf et conséquemment quels efforts devaient être parfois tentés pour conquérir ou reconquérir une charte d'affranchissement.

Toutefois, si les auteurs impartiaux qui ont traité cette inépuisable matière s'accordent à dire que les obstacles étaient toujours nombreux et souvent insurmontables

---

(1) *Le Régime Féodal*, pp. 38, 41.
(2) Id., p. 43.
(3) *Anciennes coutumes de Bourgogne*, édit. Bouhier, art. CXVIII.

pour passer de la seconde condition à la première, ils n'en sont pas moins unanimes à reconnaître que tout concourait à faciliter l'opération inverse et que, dans certaines provinces, la franchise était aussi difficile à conserver qu'à obtenir.

Le célèbre jurisconsulte Guy Coquille va nous édifier simultanément sur les servitudes personnelles, dans les deux provinces du Nivernais et de la Bourgogne :

« En ce païs (Nivernois) ne sont aucuns serfs sinon par naissance : mais en Bourgogne, l'homme franc peut devenir serf, au moins sujet à main-morte, qui est espèce de servitude quand il tient par an et jour feu et lieu en terre main-mortable, et de même condition sont ceux qui y naissent et audit païs de Bourgogne ne sont aucuns serfs de corps : mais en ce païs la servitude adhère à la personne, et quoyque le serf quitte tout au seigneur il demeure serf et de poursuite : mais en Bourgogne s'il quitte tout au seigneur, meubles et immeubles, il est délivré de la main-morte (1). »

Il semblerait donc que la condition des francs était plus sûre en Nivernais qu'en Bourgogne, mais qu'en revanche les malheureux serfs y étaient encore plus étroitement attachés à la glèbe.

A quelle époque et par quels moyens la famille Parthiot est-elle passée du servage à la liberté ? La franchise lui a-t-elle été conférée pour services rendus, ou lui a-t-elle été vendue chèrement? Lui fut-elle octroyée par un acte particulier ou résulte-t-elle d'un affranchissement général?

Ces questions, que pourrait résoudre la découverte des

---

(1) *Coutumes du Nivernois*, chap. VIII.

titres de manumission, resteront peut-être longtemps encore, sinon toujours, sans réponse : une si longue conservation nous paraissant à peu près impossible dans un pays où « il n'y avoit maison de village qui une fois en dix ans ne fut renversée et ruinée (1). Quoi qu'il en soit, nos ancêtres du XVIIe siècle, qui étaient francs en Nivernais, pouvaient devenir mainmortables (2) en Bourgogne par un simple effet de résidence : ceci explique suffisamment pourquoi ceux que nous avons suivis, transportant d'une seigneurie à l'autre leur chétif butin, établissaient invariablement leur demeure dans des localités affranchies.

PROFESSIONS

Sous l'ancien régime, les membres de la famille Parthiot, comme d'ailleurs tous ceux des humbles familles, se livraient à peu près exclusivement à l'agriculture. On les voit figurer aux rôles des impositions avec des qualificatifs variant à l'infini :

« Journaliers, petits laboureurs, laboureurs pour autruy, métayers, petits cultivateurs, cultivateurs pour autruy, cultivateurs, petits propriétaires, propriétaires » ou autres analogues. Pourtant, sans sortir de la région, mentionnons aussi des « mendians (3), hôteliers, cabaretiers;

---

(1) Guy Coquille. Question LVIII sur les art. des coutumes.

(2) Le mainmortable n'avait pas le droit de disposer de ses biens à sa mort.

(3) La profession de mendiant était reconnue légalement, lorsqu'il était avéré qu'on n'en pouvait exercer d'autres (Albert Babeau, *le Village sous l'ancien régime*, p. 288).

En 1777, à la suite de disettes successives, on compte (en France) un million deux cent mille mendiants (Louis Blanc, *Histoire de la Révolution Française*, t. I, p. 289. D'après Monteil).

marchands, marguilliers, élèves en théologie et en philosophie, curés, etc. »

Aujourd'hui les Parthiot sont si nombreux et si dispersés qu'il nous serait impossible d'énumérer les diverses professions qu'ils exercent.

LONGÉVITÉ

Ce serait peut-être pousser un peu loin l'amour de la statistique que de rappeler ici la durée de la vie ou l'âge de chacun ; nous la limiterons donc aux chefs de famille qui ont été (pages 28 à 72) l'objet d'un chapitre, en groupant d'un côté les disparus et de l'autre les vivants.

MORTS						VIVANTS		
pages	Prénoms	durée de la vie	pages	Prénoms	durée de la vie	pages	Prénoms	âge
28	Louis	»	54	Etienne	39	56	Pierre	65 1/2
29	Emiland	70	46-52	Jean	76	60	Claude	66
30	Pierre	71	59	Pierre	78	61	Antoine	63 1/2
31	Jacques	45	62	Etienne	57	63	Etienne-Alexandre	49
34	René	50	67	René II	65	69	Pierre	64
35	Dominique	74	69	Sébastien	71	71	Gaspard	46
39	René Ier	74	70	René	61	71	Gaspard	76
46-49	Pierre	76				72	René	48 1/2

La moyenne est de 65 ans pour la première table et de 60 ans pour la seconde.

Parmi les cas de longévité extraordinaire, nous signalerons : Jacquette, 102 ans, et Pierre, 111 ans. Ce dernier mort subitement.

CONCLUSION

Lorsque nous avons formé le dessein de cet ouvrage, nous étions loin de prévoir les difficultés qu'il nous a fallu vaincre pour suivre les branches d'un arbre dont les ramifications vont sans cesse s'élargissant.

Ces difficultés, qui ne faisaient d'ailleurs qu'exciter notre curiosité, provenaient, il faut bien le reconnaître, des fréquents déplacements de ceux que nous avons étudiés : c'est dire qu'elles n'existeraient pas pour nos collatéraux, de Montsauche et des environs, désireux de se rattacher au tronc commun.

L'entreprise d'une pareille œuvre, à laquelle nous souscrivons d'avance, ne serait pas sans procurer aux travailleurs qui l'entreprendraient des joies analogues à celles que nous avons nous-mêmes ressenties dans le cours de nos longues recherches, et que nous considérerons toujours comme la meilleure des récompenses.

Nous sommes sûrs qu'il est, dans la plupart des branches de la famille, des hommes à même de dérober à leurs occupations quotidiennes les moments nécessaires à ce travail essentiellement attrayant et moralisateur. Aussi présumons-nous bien qu'ils tiendront à établir leur filiation pour participer ainsi à la reconstitution intégrale de l'arbre généalogique.

Puisque nous en sommes venus à formuler nos desiderata, nous profiterons de l'occasion pour exprimer une idée qui, quoique singulière, n'a absolument rien d'utopique :

Les besoins de plus en plus impérieux de la vie présente et la facilité toujours croissante des déplacements poussent à l'émigration. Notre famille, déjà bien disséminée, est, en raison de sa tendance continuelle à s'agrandir, appelée à se disperser encore davantage et à pénétrer dans les régions les plus diverses : de là, pour la majeure partie des membres, l'isolement d'abord, puis l'indifférence et enfin l'oubli (1). Il serait pourtant facile, dès maintenant, d'apporter des adoucissements à l'un, de combattre l'une et d'empêcher l'autre ; et tout cela, au moyen d'annales privées, qui seraient alimentées de la façon suivante :

En fin d'année, chaque chef de famille enverrait à un centralisateur les changements survenus dans son ménage, tels que naissances, mariages, décès ou autres événements de nature à intéresser. Le centralisateur aurait pour mission de coordonner les renseignements partiels, de les faire imprimer et d'en transmettre un exemplaire à chacun.

Et que faudrait-il pour exécuter ce projet, dont la simplicité et l'utilité ne peuvent échapper à personne ?

Un peu d'entente !

---

(1) « Vous n'ignorez pas que dans les campagnes, l'histoire ne s'écrit pas dans les familles, les vieux meurent, les jeunes se dispersent, puis, au bout de 50 ans, tout est oublié » (Extrait d'une lettre d'un membre de la famille).

LES PARTHIOT DE SAUVIGNY
(pages 79 à 82)

PIERRE
Jeanne
Milot

Nicolas, Jeanne, **PHILIPPE**, Anne, Antoinette
Marguerite
Perreau

MARY
Anne
Judas

Antoinette, Reine, Joséphine, Marie, **ETIENNE**, Pierre, Pierre, Anne
Anne
Gauthier

MICHEL, Annette
Marie
Schmidt

2 enfants morts en bas âge

LES PARTHIOT D'ISLAND (pages 83 à 86)

- **EMILAND** — Marie Chaumien
  - **DOMINIQUE** — Pierrette Beugnon
    - (5 morts en bas âge, 1 mort à 22 ans) **JEAN**, Marie, Claudine
      - **JEAN** — Jeanne Boyre
        - **CLAUDE**, Claudine
          - **CLAUDE** — Annette Bonnard
            - Jean
  - Claudine,
  - Jeanne,
  - **JEAN** — Marie Naulin
    - **JEAN** — Jeanne Naudin
      - Jeanne, Jean-Marie
    - Reine
    - **DOMINIQUE** — Antoinette Charlot
      - Philippe, Pierre, Anne, Marie, Alfred, Lucie, André
    - **ETIENNE** — Anne Chaumien
      - Victorine, Irma

LES PARTHIOT DE BLANGEY ET DE THURY (pages 28 à 72)

1 . **LOUIS** (Léonarde Bourbon)

2 . Barthélemy, Jeanne, Jean, Dimanche (fille), Vincent, **ÉMILAND** (Reine Chaumien), Barbe, Pierrette, Dimanche (garçon), Léonarde, Louis.

3 . Mathieu, Barthélemy, **PIERRE** (Philiberte Thenard; Nicole Beugnon), Marceau, Joseph.

4 . Jacques, Nicole, **RENÉ** (Françoise Martin; Brigitte Quarré)

5 . Martin — **DOMINIQUE** (Dominique Rousselet; Claudine Bourgeois), Nicolas, Jacques

6 . Laurent . . . **RENÉ I**er (Anne Boisseau) . . . Reine . . . Philiberte, **RENÉ II** (Françoise Bebin; Pierrette Chauveau), Anne

7 . **PIERRE** (Anne Picard) . . . Françoise . . . **JEAN** (Jeanne Bel) . . . Marie, **SÉBASTIEN** (Pierrette Blondeau), Jacques — **RENÉ** (Etiennette Charrault) . . . **GASPARD** (Jeanne Drouhin)

8 . Pierrette, Jean, **ETIENNE** (Joséphine Picard), Pierrette, Pierre, Pierre . . . Jeanne, Pierrette, Jean, Claude, Léger, Anne, Antoine, **PIERRE** (Françoise Picard), Marie, Anne, Etienne, Jean, François, Etienne, Pierrette . . . **PIERRE** (Jeanne Mazot) . . . **GASPARD** (Claudine Vionnot) . . . **RENÉ** (Rose Alexandre)

9 . Anne, Françoise, **PIERRE** (Honorine Cortot), Pierrette, Marie . . . **CLAUDE** (Henriette Bevier), François, **ANTOINE** (Charlotte Prost), Joseph, **ETIENNE** (Antoinette Boisseau), Françoise, **ETIENNE-ALEXANDRE** (Julie Poillot) — Annette, Marie, Pierre, Louise — Mathilde, Marie, Henriette, Jean, Alphonse — Léon

10 . Jules (Louise Lacaille), Léon, Augustine, Alphonse, Pierre-Célestin, Benjamin — Stéphanie, Antoine, Valérie, Anne, Louis. — Etienne, Henriette, Pierre, Jacques, Reine, Joseph, — Claude (Angéline Labarde), Marie, Pierre (Eugénie Dossert), Jean, Auguste, Virginie, Emile. — Marie, Clément, Albert.

11 . Louis

LES DERNIERS PARTHIOT DE MOUX (pages 73 à 78)

PIERRE
Pierrette
Thibaut

PIERRE
Marguerite
Ligeron

JEAN
Anne Thibaut — Françoise Cotlard

Pierre
Jacquette
Baudin

Jean, Louise
Perruchot

Arthur

Marguerite, Jeanne

PIERRE
Jeanne
Julien

Louis, Claudine, Andoche, Claude-Marie
Augustine
Lequeux

Louis, Victorine
Marie
Boisseau

ETIENNE
Claudine
Pitois

Jeanne, Marguerite, Jean, Dominique, Louise, Claudine, Jeanne-Victorine, Charles, Jeanne-Marie

Jean
Jeanne
Machin

Etienne, Irma
Reine
Colnot

Marie

Charles
Louise
Pitois

LES PARTHIOT DE TACHELY
(pages 87 et 88)

JEAN

Paupert

SÉBASTIEN, Jeanne Branchereau | Pierre, | **FRANÇOIS** Jeanne Marquereau

ETIENNE, Jeanne Marguerite Dussaule

Félix, Léonie

TABLE ONOMASTIQUE

DIJON, IMPRIMERIE DARANTIERE.

www.ingramcontent.com/pod-product-compliance
Ingram Content Group UK Ltd.
Pitfield, Milton Keynes, MK11 3LW, UK
UKHW031922260826
14628UKWH00003B/1359

9 782013 499354